穿越百年中国梦

吕章申题

国家出版基金项目
NATIONAL PUBLICATION FOUNDATION

顾　问：吕章申
主　编：陈履生
副主编：白云涛

穿越百年中国梦

崛起东方

写给孩子的“四史”学习教育读本

黄　黎◎著

SPM
南方出版传媒
新世纪出版社
·广州·

图书在版编目（CIP）数据

崛起东方 / 黄黎著 . — 广州 : 新世纪出版社，2017.12
（2022.6 重印）
（穿越百年中国梦 / 陈履生主编）
ISBN 978-7-5583-1008-9

Ⅰ . ①崛…　Ⅱ . ①黄…　Ⅲ . ①中国特色社会主义—社会主义建设模式—少年读物　Ⅳ . ① D616-49

中国版本图书馆 CIP 数据核字（2017）第 297004 号

出 版 人：陈少波　　策　　划：宁　伟
责任编辑：宁　伟　　特约编辑：耿　谦
排版设计：大有图文　　技术编辑：陈　雪

崛起东方　JUEQI DONGFANG
黄　黎 / 著

出版发行：新世纪出版社
（广州市大沙头四马路 10 号）
经　　销：全国新华书店
印　　刷：天津科创新彩印刷有限公司
规　　格：880mm × 1230mm　1/32
印　　张：4
字　　数：57 千字
版　　次：2017 年 12 月第 1 版
印　　次：2022 年 6 月第 5 次印刷
书　　号：ISBN 978-7-5583-1008-9
定　　价：22.50 元

如发现印装质量问题，影响阅读，请联系调换：
北京广版新世纪文化传媒有限公司
销售热线：010-65545429
［书中图片由中国国家博物馆提供］

扫码体验
VR融媒“四史”云课堂
“四史”学习就在我身边

目　录

contents

《穿越百年中国梦》总序

2012年11月29日，党的十八大闭幕刚刚半个月，习近平总书记率领新一届中央政治局常委和中央书记处的同志，来到中国国家博物馆参观《复兴之路》基本陈列。

那天上午，习总书记一行轻车简从，9时许来到国家博物馆，进入《复兴之路》展厅参观。一件件实物，一幅幅照片，一张张图表，一段段视频，把我们带回到近代以来跌宕起伏、波澜壮阔的难忘岁月。在19世纪末列强割占领土、设立租借地、划分势力范围示意图前，在鸦片战争期间虎门抗英的大炮前，在反映辛亥革命的文物和照片前，在《共产党宣言》第一个中文全译本前，在中华人民共和国第一面五星红旗前，在党的十一届三中全会照片前，习总书记不时停下脚步，认真观看，详细询问相关历史背景和文物情况。

在参观期间，习总书记发表了重要讲话。他说，《复兴之路》这个展览，回顾了中华民族的昨天，展示了中华民族的今天，宣示了中华民族的明天。中华民族的昨天，可以说是“雄

关漫道真如铁”。近代以后，中华民族遭受的苦难之重、付出的牺牲之大，在世界历史上都是罕见的。但是，中国人民从不屈服，不断奋起抗争，终于掌握了自己的命运，开始了建设自己国家的伟大进程，充分展示了以爱国主义为核心的伟大民族精神。中华民族的今天，正可谓“人间正道是沧桑”。改革开放以来，我们总结历史经验，不断艰辛探索，终于找到了实现中华民族伟大复兴的正确道路，取得了举世瞩目的成果。中华民族的明天，可以说是“长风破浪会有时”。经过鸦片战争以来 170 多年的持续奋斗，中华民族伟大复兴展现出光明的前景。现在，我们比历史上任何时期都更接近中华民族伟大复兴的目标，比历史上任何时期都更有信心、有能力实现这个目标。讲到这里，总书记环顾大家，深情阐述“中国梦”。他说：“现在大家都在讨论中国梦，我以为，实现中华民族伟大复兴，就是中华民族近代以来最伟大的梦想。这个梦想，凝聚了几代中国人的夙愿，体现了中华民族和中国人民的整体利

益，是每一个中华儿女的共同期盼。……实现中华民族伟大复兴是一项光荣而艰巨的事业，需要一代又一代中国人共同为之努力。……我坚信，到中国共产党成立一百年时全面建成小康社会的目标一定能实现，到新中国成立一百年时建成富强民主文明和谐的社会主义现代化国家的目标一定能实现，中华民族伟大复兴的梦想一定能实现。”

我有幸全程陪同习总书记参观，为总书记一行讲解展览，并现场聆听习总书记关于“中国梦”的重要讲话，感受颇深，终生难忘。习总书记提出实现中华民族伟大复兴的“中国梦”，是时代的最强音，凝聚了全球中华儿女的心，成为激励中华儿女团结奋进，实现中华民族伟大复兴的一面精神旗帜。

《复兴之路》基本陈列回顾了1840年鸦片战争以来一百多年间，陷入半殖民地半封建社会深渊的中国各阶层人民，在屈辱和苦难中奋起抗争，为实现民族复兴进行的种种探索，特别是中国共产党领导各族人民争取民族独立、人民解放、国家富强、人民幸福的光辉历程。习总书记参观《复兴之路》并提出实现中华民族伟大复兴的“中国梦”命题后，中央国家机关、部队、企事业单位、社区街道、社会团体、学校等纷纷来到中国国家博物馆，沿着习总书记的足迹，参观《复兴之路》展览。《复兴之路》展览成为爱国主义教育的重要课堂。

2014年，习总书记在有关讲话和批示中指出，历史是最

好的教科书，博物馆要让文物活起来，让文物说话，把历史智慧告诉人们，激发民族自豪感，坚定全体人民振兴中华、实现中国梦的信心和决心。中国国家博物馆和广东新世纪出版社有限公司落实习总书记的指示，以《复兴之路》基本陈列为基础，经过三年多艰苦工作，编写和出版了这套《穿越百年中国梦》丛书。组织和参与编写这套丛书的同志，大多数参加了《复兴之路》内容设计和布展工作，有的还现场聆听了习总书记关于“中国梦”的重要讲话。他们对《复兴之路》基本陈列不但理解深刻，而且怀有深厚感情。

习总书记指出：中国梦归根到底是人民的梦。有梦想，有机会，有奋斗，一切美好的东西都能够创造出来。习总书记希望广大青少年要勇敢肩负起时代赋予的重任，志存高远，脚踏实地，努力在实现中华民族伟大复兴的中国梦的生动实践中放飞青春梦想。

我相信，在中国共产党即将迎来百年华诞这个重大历史时刻，这套丛书的重印出版，对广大青少年牢记习总书记“不忘初心”的嘱托，更好地开展党史学习教育，增强实现中华民族伟大复兴中国梦的责任感，一定会起到促进作用。

吕章申

前　言

中国现代史学会会长　郭德宏

中华民族是一个有着自己梦想，特别是美好社会理想的民族。

两千多年前，我们的古圣先贤就有“小康”和“大同”的社会理想。那时的“小康”理想，就是家家丰衣足食，人人遵守礼仪，互相谦让。那时的“大同”理想，就是天下人如同一家人，家家幸福，人人愉快，“路不拾遗，夜不闭户”。由于历代封建统治者都不代表广大的人民群众利益，古圣先贤的“小康”和“大同”社会理想都没有实现。

勤劳智慧的中国人民，创造了光辉灿烂的古代文明：强盛的汉代，繁荣的唐代，辽阔的元代，清初的盛世。那时，与世界上其他大多数国家和地区相比，中国富饶、强盛、文明、进步。用现代语言表述，那时的中国是“发达国家”，其他那些国家和地区则是“发展中国家”。然而，由于帝国主义入侵和封建主义统治腐败，中国落后了。从 1840 年鸦片战争中国战败到 19 世纪末，中国逐渐沦为半殖民地半封建社会，陷入将要亡国灭种的深渊。

从 1840 年鸦片战争开始，当时一些思想先进的中国人就寻求救国救民之道。林则徐、魏源开眼看世界，地主阶级的洋务运动，资产阶级维新派的戊戌变法，都试图在不根本触动封建统治的前提下富国强兵，但是都失败了。1894 年孙中山创立革命团体兴中会，首次提出“振兴中华”口号。1902年康有为完成《大同书》的写作，期望中国实现古圣先贤所憧憬的大同世界。1902年梁启超发表《新中国未来记》，1904年蔡元培发表《新年梦》，都憧憬中华复兴，雄立世界。近代以来，每一个中国人都满怀着复兴中国、振兴中华的梦想。但在半殖民地半封建社会的旧中国，中国人民的这一梦想不但没有实现，反而遭受着越来越严重的民族苦难。

1921年，伟大的中国共产党成立，超越古圣先贤“小康”和“大同”的社会理想，提出了夺取反帝反封建胜利、建立人民当家做主政权、最终实现人类最美好最理想的共产主义社会的奋斗目标。中国共产党肩负起民族独立、人民解放的历史重任，领导中国人民，经过浴血奋战，于1949年建立了人民当家做主的中华人民共和国。新中国成立，是中华民族由衰落走向强盛的历史转折点，开启了中华民族伟大复兴的新纪元。

中华人民共和国成立后，毛泽东、周恩来等老一辈革命家，领导全国各族人民为实现国家富强、人民共同富裕的新的历史任务而奋斗。在党的领导下，中国确立了社会主义基本制度，成功实现中国历史上最伟大最深刻的社会变革，为中华民族的伟大复兴奠定了制度基础。与此同时，中国共产党领导全国人民进行大规模经济建设和文化建设，取得了旧中国几百年几千年所没有取得的成就，为实现中华民族伟大复兴奠定了基本的物质基础。

1978年改革开放以来，以邓小平、江泽民、胡锦涛同志为主要代表的中国共产党人，全面推进社会主义现代化建设。神州大地，生机勃发。2010年，中国GDP（国内生产总值）上升至40万亿元人民币，成为仅次于美国的世界第二大经济体，并一直保持至今。伴随着各方面的迅猛发展，中国迅速走向繁荣，国际地位不断提高，国际影响日益扩大。中国步入世界强国之列，为实现中华民族伟大复兴创造了现实条件。

2012年11月29日，习近平总书记率领新一届中央政治局常委和中央书记处的同志参观中国国家博物馆《复兴之路》基本陈列。习总书记在这里向全世界宣示“中国梦”，重申“两个一百年奋斗目标”，既是中国共产党对全国人民的郑重承诺，是党和国家面向未来的政治宣言，也是中华民族伟大复兴的总动员。中国的伟大发展，又一次站在新的历史起点上；中华民族的伟大复兴，揭开了历史新篇章。

以习近平同志为核心的党中央，“不负重托，不辱使命”，在实现中华民族伟大复兴中国梦的推动下，国民经济继续稳步发展，中国的国际地位更加提高，国际影响力更加扩大。我们现在比历史上的任何时期都更加接近中华民族伟大复兴这个目标，我们现在比历史上任何时期都有信心、有能力实现这个目标。

中国梦连接着过去与现在、历史与未来，连接着国家与个人、中国与世界。拥有五千多年文明历史的中华民族，曾经创造了辉煌的古代文明，走在世界前列，为人类社会发展做出了巨大的贡献。今天，中华民族的伟大复兴，不仅造福中国人民，而且造福世界人民。已经步入世界发展中大国的中国，理应承担起大国责任，对人类社会的发展进步，做出更大的贡献。

《穿越百年中国梦》丛书回顾了1840年鸦片战争以来一百多年间，陷入半殖民地半封建社会深渊的中国各阶层人民，在屈辱和苦难中奋起抗争，为实现民族复兴进行的种种探索，特别是回顾了中国共产党领导全国各族人民争取民族独立、人民解放、国家富强、人民幸福的光辉历程。这套丛书深刻揭示了历史和人民为什么和怎样选择了马克思主义，选择了中国共产党，选择了社会主义道路，选择了改革开放；深刻揭示了历史和人民为什么必须始终坚持高举中国特色社会主义伟大旗帜不动摇，坚持中国特色社会主义道路不动摇；昭示出没有共产党就没有新中国，就没有中国特色社会主义，只有社会主义才能救中国，只有改革开放才能发展中国、发展社会主义、发展马克思主义。

我相信，这套丛书的出版，能够使广大青少年读者更加深入地了解中华民族近代以来反对外来侵略史、人民解放的抗争史，了解中国共产党领导全国各族人民为中华民族伟大复兴而奋斗的创业史和改革开放史，为实现国家富强、民族振兴、人民幸福的中华民族伟大复兴的中国梦，夺取新时代中国特色社会主义伟大胜利，提供令人振奋的精神动力。

郭德宏

扫码体验

VR融媒“四史”云课堂
“四史”学习就在我身边

1992年春天，邓小平视察南方，就建设有中国特色的社会主义等一系列问题发表了重要谈话，打破了阻碍人们前进的精神枷锁，解答了长期束缚人们思想的一些理论和实践问题。此后，以江泽民同志为核心的中共中央领导集体，坚持改革开放、与时俱进，创建社会主义市场经济新体制，开创全面开放新局面，创立了“三个代表”重要思想，把中国特色社会主义事业成功推向了

崛起东方

21 世纪。在新的历史起点上，以胡锦涛为总书记的中共中央领导集体，顺应国内外形势发展变化，抓住重要战略机遇期，求真务实、开拓进取，提出“科学发展观”等重大战略思想，着力推动科学发展、促进社会和谐，完善社会主义市场经济体制，在全面建设小康社会实践中，坚定不移地把中国特色社会主义事业继续推向前进。

I

第一章

春天的故事

1. 邓小平南方谈话

20世纪90年代，一首曾经火遍大江南北的歌曲这样唱道:“1992年，又是一个春天，有一位老人，在中国的南海边写下诗篇……”歌中这位老人，就是中国改革开放的总设计师邓小平，他为什么要去南海边，在那里又写下了怎样的诗篇呢？这要从当时的国际国内形势说起。

20世纪80年代末90年代初，东欧剧变、苏联解体，导致世界社会主义运动跌入低谷。与此同时，国内在经历了1989年的政治风波后，很多人产生了疑问:

改革，还能继续下去吗？改革，会不会改到社会主义的反面？

1992年春天，就在我国社会主义建设的关键时刻，中国改革开放的总设计师、创建经济特区的倡导者——邓小平南下视察了南方的深圳、珠海等特区城市。当亲眼看到特区高速发展、生机勃勃的景象后，已经88岁的邓小平十分高兴。

南下途中，邓小平在武昌、深圳、珠海、上海等地，先后就建设有中国特色的社会主义等一系列问题发表了重要的谈话。邓小平的南方谈话，简单来说就是要进一步解放思想，大胆实践，排除干扰，抓住有利时机，加快改革开放步伐，集中精力把经济建设搞上去。他说，“社会主义的本质，是解放生产力，发展生产力，消灭剥削，消除两极分化，最终到达共同富裕”；他指出，计划和市场都是经济手段，不是社会主义与资本主义的本质区别。这些新的语言、新的观念，打破了阻碍人们前进的精神枷锁，解答了长期束缚人们思想的一些理论和实践问题。

中国老百姓都很熟悉邓小平的名字，而这一次，许多人幸运地在深圳看到了他本人。1月20日上午9点半，在当地领导的陪同下，邓小平乘电梯登上了50层高的深圳国际贸易中心大厦旋转餐厅，面窗而坐。时任中共深圳市委书记的李灏介绍完基本市容，又打开一张城

历史掌故

东欧剧变与苏联解体

20世纪80年代末到90年代初，东欧各社会主义国家的政治经济制度发生了根本性的改变，简单来说就是由社会主义制度演变为资本主义制度，史称东欧剧变。剧变在1989年后开始，最先出现在波兰，后扩展到东德、捷克斯洛伐克、匈牙利、保加利亚、罗马尼亚等前“华约”国家。剧变以苏联解体告终，一般被认为是冷战结束的标志。除罗马尼亚发生流血事件外，其他国家都相对和平。1991年12月25日，苏联最高领导人戈尔巴乔夫宣布辞职，将国家权力移交给俄罗斯总统叶利钦，至此，苏联共产党和苏联最高苏维埃自我解散，苏联从现实和法律上不再存在，红色帝国轰然倒塌。苏联解体后，首都莫斯科成为最大加盟国俄罗斯联邦首都，分裂出15个国家（东斯拉夫三国、波罗的海三国、中亚五国、外高加索三国和摩尔多瓦）。在政治斗争中获胜的叶利钦所领导的俄罗斯联邦，继承了苏联的主要综合国力和国际地位。

1992 年春，邓小平在深圳国贸大厦

市总体规划图，简明扼要地汇报了深圳改革开放和经济建设的情况。很快，“邓小平在深圳国贸大厦视察”的消息不胫而走，大家对于邓小平的到来充满了期待。

深圳人民永远忘不了那历史性的一幕：1 月 23 日上午 9 时 40 分，临别之际的邓小平突然转过身来，用浓重的乡音对深圳市的负责同志说：“你们要搞快一点！”这意味深长的 7 个字，蕴含着邓小平对深圳这个自己亲手创办的经济特区的殷切期望。

1992 年 2 月 28 日，邓小平南方谈话的要点以中央的名义印发全党。南方谈话犹如和煦的春风，迅速吹遍全国，神州大地再次掀起加快改革开放步伐的大潮。正是这篇集建设有中国特色的社会主义理论之大成的谈话，把中国的改革和现代化建设带入新阶段，为中国特色社会主义事业的发展指明了前进的方向。

2. 新浦东，新上海

1992年10月，党的十四大报告专门提到了上海市浦东区，“以上海浦东开发开放为龙头，进一步开放长江沿岸城市，尽快把上海建成国际经济、金融、贸易中心之一，带动长江三角洲和整个长江流域地区经济的新飞跃”。由党中央直接对某个城市的经济建设进行具体部署，这在新中国经济建设史上尚属首次。

从地图上看，长江的支流黄浦江，将上海一分为二。浦西是大上海的主体，是传统意义上的上海中心城区，从清末民初就以其繁华享誉世界。由于历史上黄浦江两岸没有桥梁和隧道沟通，仅一江之隔的浦东，经济发展远远落后于浦西。当时的小陆家嘴有条烂泥渡路，每逢暴雨就“水漫金山”，家里家外积水积到膝盖。浦东当时的最高建筑，除了一栋 5 层的消防观察楼，就是民国初年的一处陈氏旧居。

改革大潮初起之时，党中央在设立经济特区时曾经考虑过上海。鉴于上海 GDP 占到全国总 GDP 的 1/6 以上，而改革开放初期又无任何经验可资借鉴，一旦在上海办特区失败，就会对国民经济造成重大影响，所以直到深圳等特区建设取得显著成果之后，邓小平等党和国家领导人才将上海浦东地区的开发纳入到具体规划中来。

1990 年 4 月 18 日，中共中央、国务院正式宣布了关于开发开放上海浦东的重大决策。

1992 年 2 月 17 日，邓小平在听取关于浦东开发的汇报时指出：浦东开发晚了，这是件坏事，但也是好事，可以借鉴广东的经验，可以搞得好一点，搞得现代化一点，起点高一点。

浦东开发开放，为上海的发展提供了历史性机遇。短短几年，浦东成了海内外实业家、银行家、各公司企业投资开发的热土。道路和楼宇迅速覆盖了一片片农田，

上海浦东新区

3 条地下隧道和 4 座大桥紧紧连接着浦东和浦西，陆家嘴金融贸易区、外高桥保税区、金桥出口加工区、张江高科技园区相继展露新姿，国内外一流公司纷纷前来安营扎寨。

在浦东，最引人注目的是矗立云端的东方明珠塔。这座 1993 年建成的广播电视塔，高达 468 米，是当时亚洲第一高塔。塔身上的两个巨大的球体，如红宝石闪亮耀眼。全塔上下有 15 个大小不等的球体，如明珠般从白云蓝天中串联而下，直达绿地，似“大珠小珠落玉盘”。塔尖直插云端，象征上海欣欣向荣，蒸蒸日上。从浦东看浦西，东方明珠塔和外滩的万国建筑博览群隔江相望，新旧建筑交相辉映。两岸江堤如画，江中百舸争流，构成了一幅气势如虹的黄浦江新图画。曾任浦东新区第一任党工委书记的赵启正回忆说：“当时请了英、法、日、意、中五国专家参与讨论。那是在 1992 年 11 月，上海国际贸易中心三楼，长桌上摆好了 5 个城市模型。其中中国的方案强调从浦西看浦东，建筑物的层次感强，强调了东西向的轴线功能，这就是后来的世纪大道。英国的、意大利的、日本的和法国的方案也各有特色，最终把 5 套方案综合起来就形成了现在的陆家嘴规划。”

浦东开发启动之后，经济高速增长，一个外向型、多功能、现代化的新区开始奇迹般地崛起，带动了全上海以及长江三角洲和整个长江流域经济的新飞跃。浦东由此成为新上海的象征，也成为中国改革开放事业取得显著成就的重要标志。

3. “当代毕昇”王选

1988 年 9 月 5 日，邓小平在会见捷克斯洛伐克总统胡萨克时，提出了“科学技术是第一生产力”的著名论断。“科学技术是生产力”一向是马克思主义者历来坚持的观点，近代中国走过的百年坎坷道路，更是让中国人切身感受到了这句话的深刻内涵。

中华人民共和国成立以后，由于多方面的原因，科学技术对经济发展的巨大推动作用远远没有发挥出来。十一届三中全会以后，邓小平在进行经济体制改革的同时，开始着手解决科技体制问题。在他的推动下，1985年3月13日，中共中央做出了《关于科学技术体制改革的决定》，要求全党必须高度重视并充分发挥科技的巨大作用，从而揭开了新时期科技体制全面改革的序幕。

此后，与发展高科技、应用新技术相关的一系列政策措施相继出台，一大批国家项目、重点工程先后上马，国家工业化、信息化获得了长足进步。这其中值得一提的就是北京大学教师王选和他的汉字激光照排系统。王选从1975年开始研究计算机汉字照排，跳过了日本、欧美的第二代、第三代机，直接研制第四代激光扫描输出照排机。他在重病缠身、收入微薄的困难条件下，解决了汉字字数多、字形信息量大、不便于存储的难题，他发明的高分辨率汉字字形信息压缩和汉字字模储存技术，远远领先于西方，带来了汉字印刷的革命。

1987年5月22日，是中国印刷史和新闻出版史都值得记载的日子，在经济日报社，诞生了世界上第一张用汉字计算机激光照排系统实现的屏幕组版、整版输出的中文报纸。10月底，《经济日报》排印数万字的党的

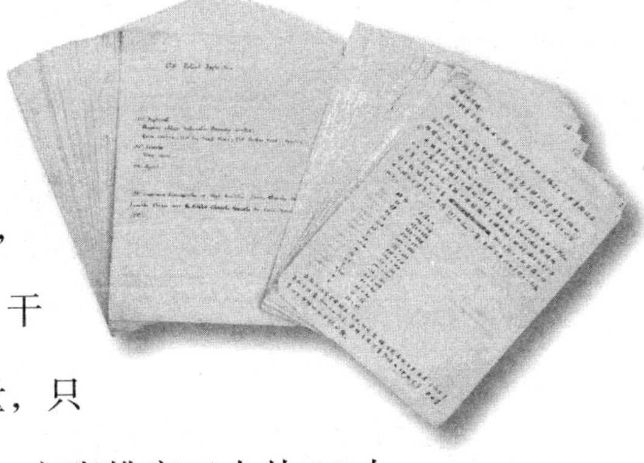

王选获得欧洲专利的汉字激光照排技术手稿

十三大政治报告时，以往需要熟练工人干三四个小时的工作量，只用20分钟便完成了。夜班排字工人从35人减少到1人排字、1人拼版，2个版只需4人。此后，王选和他开创的北大方正集团，昂首挺胸，始终站立在全球相关领域前沿位置。同年，王选获得了我国首次设立的印刷业个人最高荣誉奖——毕昇奖。

1992年，王选又成功开发出世界首套中文彩色照排系统，先后获日内瓦国际发明展览金牌、中国专利发明金奖、联合国教科文组织科学奖、国家重大技术装备研制特等奖等众多奖项。从此，昏暗的铅字长廊、熏人的熔铅炉、沉重的铅版和乌黑的工作服一去不复返。

今天的北大方正，占据了绝大部分的国内排版印刷市场和海外华文报业市场，是全球最大的中文电子出版系统开发商和供应商。汉字激光照排技术奠定了方正集

人物故事

毕昇 毕昇是北宋时期的平民发明家，长期在印刷作坊工作。当时，最普遍的印刷方式是雕版印刷，也就是将图文刻在木板上然后用水墨印刷，这种工艺既笨重费力，又耗料耗时，而且雕版存放不便，有错字还不易更正。毕昇在印刷实践中总结前人经验，发明了活字印刷术，简单来说就是先用胶泥做成一个个规格统一的单字，再用火烧硬，这样在需要时就可以任意排列，而不是每版一雕。虽然活字印刷术还未及推广，毕昇就去世了，但活字印刷术因其质的飞跃，对后世印刷术乃至世界文明的进步，产生了巨大且深远的影响。后人将之与指南针、火药与造纸术并称为中国古代“四大发明”。

团的发展基础，也让“创新”这一基因深深植入了方正文化之中。

4. 轿车开进华西村

1993年3月3日下午，50辆红色捷达牌轿车驶进华西村，轰动了全国。这一年，华西村共订购了250辆这一型号的轿车。

华西村位于江苏省江阴市华士镇，原来由 12 个贫穷的自然村组成，1961 年正式建村。1969 年，华西村支书吴仁宝秘密抽调 20 名村民，创建了一家小五金厂。在以“阶级斗争为纲”的年月，这样的做法是非常冒险的。这个小五金厂不仅是当时村里的最高机密，也是日后燎原中国的乡镇集体企业的胚胎。

1980 年，华西村在推行联产承包责任制的前提下，提出了调整产业结构的方案，全村 600 亩良田由 30 名种田能手集体承包，其余绝大多数劳动力则转移到了工业领域，华西村从此踏上市场经济之路。

在华西村，人们所到之处——华西金塔、农家别墅、园林山庄、龙西湖等，到处都能看到农民的小汽车。为方便村民学车，村里还专门设立了驾训中心，加油站、洗车场、汽配中心、维修中心等也一应俱全。

“做梦也想不到，在华西圆了轿车梦。”20 多岁的外来妹计丽静笑得合不拢嘴。她是江阴峭岐人，3 年前来华西村打工。由于业绩突出，以“投资移民”的身份成了华西村新村民，立即享受到村里分配轿车的高福利待遇。与计丽静一起在华西圆了轿车梦的，总共有6名外来工。华西村老支书吴仁宝感慨地说："过去华西人只懂镰刀、锄头，只知稻和麦。如今可以开汽车，用电脑了。"

1994年2月15日，时任国务委员的宋健、李铁映等中央领导视察华西村后，称"华西是全国第一村"。从此，华西以"中国第一村"闻名全国。华西村

1993年，轿车开进华西村

可供参观的景点很多，最主要的地方是地标建筑——金塔。这幢于 1996 年落成，由老支书吴仁宝亲自设计的塔楼，比普通的塔高大，比普通的楼尖削，顶端还竖立着一个镀金的大葫芦。塔顶悬挂着“中国华西”四个大字，这是江泽民总书记在 1998 年 4 月 20 日参观华西村时亲笔所题。

口袋富了，脑袋也要富。华西人说得好：“学在手头，不吃苦头。”在“当家人”的倡导下，村民们积极向知识型新村民转变。华西先后投入了大量资金，与国内高等院校合办了工业大专班、纺织大专班、英语大专班、电脑班和普通话培训班等。同时，还把一些优秀青年村民送到美国、日本等发达国家留学深造。华西村村民不仅可以拿文凭，还可以评职称。目前，村里有很多农民都拥有高工、助工、技师等专业技术职称。

在华西村村头，有一块红底白字的大招牌引人注目：“家有黄金万吨，一天也只能吃三顿；豪华房子独占鳌头，一人也只能占一个床位。”这是该村老支书吴仁宝的名言。多年来，在吴仁宝等村领导的带领下，华

历史掌故

联产承包责任制

联产承包责任制始于 20 世纪 50 年代的高级农业生产合作社时期，但在“文化大革命”中遭到批判并被禁止，中共十一届三中全会后得到恢复并获得发展。它的优点在于解放生产力，大大提高农民的生产积极性。具体到华西村，因该村人多地少，工业相对发达，集体家底较厚，所以该村最终选择了“集体承包”——由 30 名种田能手承包全村 500 多亩良田，富余劳力则转移到乡镇企业中去。

西村努力发扬“艰苦奋斗，团结归口，服务分配，实绩到位”的华西精神，成长为全国农村走共同富裕道路的典型。

5. 再见，粮票

粮票、布票等票证，是改革开放以前中国城镇家庭的共同记忆。

粮票的产生与中华人民共和国成立之初的物资匮乏紧密相关。面对一穷二白、物资匮乏的现实国情，1953

年 10 月，中共中央决定开始在全国范围内实行粮食和食油统购统销政策。两年后，国务院颁布《市镇粮食定量供应暂行办法》。从此，粮票正式走入中国城镇家庭，与每一个城镇居民息息相关。

粮票按每人每月定量发放。以北京为例，不同年龄、不同职业的市民的每个月的口粮数，被分成了 100 多个等级。最低的是刚出生的儿童，每月 6 斤半；最高的是首钢的炉前工，每月 60 斤。一般成年人的定量在 30 斤左右。此后很长一段时间内，粮票一直是城镇居民购买食品必不可少的凭证。它不是钞票，但在当年，仅有钞票而没有粮票，也买不到食物。

1954 年，棉纱、棉布也在全国范围内实行统购统销的政策，人们需要凭“布票”限量购买棉布。当时，根据南北各地的气候差异，制订了不同的布票定量标准。例如：北京每人每次发放 17 尺 3 寸布票，刚好够成年人做一套棉布衣服。在北方的哈尔滨，每人每次发放 24 尺布票，可以做一套棉衣；而气候温暖的南方亚热带地区的城镇，每人每次只发放 7 尺 4 寸布票。

除了最主要的粮票和布票之外，各地还有种类繁多的其他商品的票证，总的来说不外“吃、穿、用”三大类。食品类除各种粮油票外，还有猪牛羊肉票、鸡鸭鱼肉票、蛋票、糖票、豆制品票及蔬菜票等。服装和生活用品类的票证更为繁多，从汗衫票、背心票、布鞋票到手帕票、肥皂票、手纸票、洗衣粉票、火柴票等，应有尽有。一些贵重、紧俏商品，如电器、自行车、手表，更是一票难求。

有鉴于当时国内市场各种商品十分稀缺，客观地说，统购统销的票证制度对保障供应、稳定人心起到了重要作用，但它同时也给广大人民的生活造成了严重不便。当年人们想买各种生活用品时，不仅需要攒钱，而且还需要凑够相应的票证，堪称难上加难。

随着改革开放的深入发展，各类商品开始充足供应，人们手中的票证逐渐名存实亡，并最终退出了历史舞台。就北京而言，1984 年，北京市开始停用牛奶供应证。1987 年，北京市又开始停用侨汇券。1991 年，北京市停用糖票，并于第二年开始停用肉票、蛋票、肥皂票、居

五花八门的商品票证

民购货证，等等。从 1993 年 4 月 1 日起，根据国务院颁行的《关于加快粮食流通体制改革的通知》，全国范围内取消了粮票和油票，实行粮油商品敞开供应。从此，伴随城镇居民近 40 年的各种票证退出了历史舞台。

票证时代的结束，意味着人民群众从此告别了商品匮乏时代，这也是改革开放带给百姓最大的成果之一。

II 第二章 改革攻坚

扫码体验

VR融媒"四史"云课堂
"四史"学习就在我身边

1. 经济"软着陆"

从1991年进入中央担任国务院副总理开始，朱镕基同志曾主导中国经济10余年。其间，他采取一系列强力措施，有效控制了中国的金融秩序。其中，又以他在1993年7月至1996年末带领中国经济成功实现软着陆的往事，最为人津津乐道。

1993年上半年，中国经济出现了一次新的"大跃进"：房地产热、开发区热、集资热和股票热，一热高过一热。其具体表现为：高投资增长、高货币投放、高物价上涨和高贸易逆差。有人曾这样比喻：1993年的中国经济就像一匹瘦弱的小马，它在兴奋剂的作用下，拉着一辆大车飞奔，如果不尽快停下来，一旦药劲过去，就会连马带车一起轰然翻倒。

但是，怎样才能既让这匹小瘦马尽快停下来，又不至于心肌梗死，并无成功经验可供借鉴，失败的教训倒是近在眼前——1988 年年底开始的“治理整顿”，固然让通货膨胀率从 18.8% 迅速降至 1990 年的 3.1%，可是经济增长率也从 11.3% 跌到了 3.8%。

刹车在 1993 年下半年已经被狠狠踩下，但 1994 年的情况看起来却更糟，GDP 增长率下跌了 1 个点，通货膨胀率则上蹿了 6 个多点，达到 24.1%，从而刷新了 1988 年的纪录。

朱镕基决定当一次探路人——用市场手段调控经济的探路人。他总结了上个 10 年中国经济大起大落的经验，力图既控制住泡沫经济，又要让经济保持足够的增长，软着陆遂成为其明确方针。

所谓经济软着陆，就是指国民经济的运行在经过一段过度扩张之后，平稳地回落到适度增长区间。软着陆

实现经济软着陆的同时，党和政府积极引导下岗职工主动转变就业观念，图为下岗职工开办的餐饮服务社

是相对于硬着陆即经济的“大起大落”而言的。如果一国较好地实行紧缩政策，使过快增长的经济速度平稳地下降到一个合适的比例，且没有出现大规模的通缩和失业，就可以叫作经济软着陆。

1993 年 6 月 9 日，在党中央的支持下，时任国务院副总理的朱镕基主持召开了国务院第七次总理办公会议，针对经济过热、通货膨胀加剧的严峻形势，明确提出要以治理通货膨胀为首要任务，同时加强和改善宏观调控措施。其中包括：提高存贷利率和国债利率；限期收回违章拆借资金；削减基建投资，清理所有在建项目；削减行政费用20%；重新审查开发区；停止地方政府部门向企业和农民集资；改革外汇留成制度；停止用“白条”支付农民的粮款；停止出台新的价格改革措施；等等。

此外，朱镕基还亲自兼任中国人民银行行长，在当年召开的全国银行行长工作会议上，他要求在3个月内，尽快把搞“股票热、房地产热、开发区热”的贷款收回来，否则，将追究各行行长的领导责任及个人责任。

至1996年，中国宏观经济顺利实现了软着陆，通货膨胀率从1994年的24.1%降到1996年的8.3%，同时避

事实真相

通货膨胀　通货主要是指国家发行的法定货币，如人民币是中国的通货，美元是美国的通货，英镑是英国的通货等。通货膨胀通俗地讲是指由于国家印刷的货币过多，导致货币本来的价值降低，使得物价出现上涨。1993年，中国通货膨胀率曾高达14.7%，已逼近1988年的最高纪录，当时老百姓再次萌发出抢购商品的冲动，大量贮存美元、黄金和优质耐用消费品。

免了经济出现大的滑坡，保持了相对较高的经济增长率。当时，美国自20世纪90年代以来的长期繁荣才进行到一半，美国经济还不称其为“新经济”，而自20世纪70年代以来，因“凯恩斯理论”失灵，高通胀低增长的“滞胀”难题一直困扰着各发达国家的政府。两相对比，中国经济成功软着陆在国际上获得了极高评价，一些外国经济学家甚至认为朱镕基应当获得诺贝尔经济学奖。

2. 扶贫攻坚

1994年3月，以《国家八七扶贫攻坚计划》的公布实施为标志，中国的扶贫事业进入攻坚阶段。

作为世界上最大的发展中国家，在过去相当长的时期里，由于诸多原因，中国一直饱受贫困问题的困扰。早在改革开放之初，为解决贫困人口的温饱问题，我国政府就在全国范围内实施了有计划、有组织的大规模扶贫计划。据统计，1985年中国农村人均纯收入200元（相当于当时全国农村人均纯收入水平的50%）以下的贫

“八七扶贫攻坚计划”实施以后，被誉为“扶贫路”的京九铁路阜阳枢纽段

困人口有1.25亿，占当时农村总人口的14.8%，其中近4 000万人的年均纯收入不足50元，占农村人口总数的4.4%。

为进一步加大扶贫力度，党和政府自1986年起采取了一系列重大措施：成立专门扶贫工作机构，安排专项资金，制定专门的优惠政策，并对传统的救济式扶贫进行彻底改革，确定了开发式扶贫方针。《国家八七扶贫攻坚计划》明确提出，集中人力、物力、财力，动员社会各界力量，力争用7年左右的时间，到

2000年年底，基本解决农村贫困人口的温饱问题。这是中华人民共和国成立以来第一个有明确目标、明确对象、明确措施和明确期限的扶贫开发行动纲领。据统计，在“八七扶贫攻坚计划”实施期间，中央政府累计投入资金1 127亿元，相当于1986到1993年这8年所投入的总量的3倍。

随着扶贫工作的深入、有序开展，我国的贫困线标准也相应进行了调整：1986年确定的农村人口最低生活标准是年人均200元；到1990年这一标准调整为300元；1995年，把通货膨胀、物价上涨的因素考虑在内，这个标准被调整为530元；到2000年“八七扶贫攻坚计划”完成时，我国贫困标准已经调整为625元。

21世纪以来，我国国民经济实现了平稳且较快的增长，综合国力不断增强。国家把扶贫开发纳入到国民经济和社会发展总体规划中，不断加大对贫困地区的扶持力度，提高扶贫政策的执行力。从2006年1月1日开始，《中华人民共和国农业税条例》废止，此后又相继取消了牧业税、生猪屠宰税和农林特产税，全面实行种粮农民直接补贴、良种补贴、农机具购置补贴和农资综合补贴等，逐步建立和完善农村社会保障体系，推进农村饮水、电力、道路、沼气等基础设施建设和农村危房改造。此外，免征农业税试点、农村义务教育“两免一补”、对国家新安排的公益性基本建设项目减少或取消县及县以下配套等政策，率先在国家扶贫开发工作重点县实行。

十七届三中全会上，党和政府更是提出健全村党组织领导的充满活力的村民自治机制，推进村民自治制度化、规范化、程序化。四川省成都市邛崃油榨乡马岩村

事实真相

两免一补　“两免一补”是中国政府针对农村义务教育阶段贫困家庭学生就学实施的一项资助政策，主要内容是对农村义务教育阶段贫困家庭学生“免杂费、免书本费、逐步补助寄宿生生活费”。这项政策从 2001 年开始实施，其中中央财政负责提供免费教科书，地方财政负责免杂费和补助寄宿生生活费。到 2007 年，全国农村义务教育阶段家庭经济困难学生均享受到了“两免一补”政策。

新村发展议事会的“民主理财监督章”就是成都在推进城乡一体化过程中，在农村基层民主方面的探索和尝试。

马岩村自 2007 年列入成都市扶贫新村建设项目后，村里办起了养猪场，组建了竹业合作社，集体经济有了收入。为加强村级财务管理，更加有效地公开、监督村级财务，新村发展议事会选举产生了由五人组成民主理财监督小组，共同对村级财务进行民主监督。

村委会特制了一枚财务章——邛崃市油榨乡马岩村民主理财监督章，分成五瓣，由五名民主理财监督员分

四川邛崃油榨乡马岩村新村发展议事会的五人“民主理财监督章”

别管理，合而为一才能生效。村里的每一笔财务支出，都必须提前向民主理财监督小组通报，并说明理由。每张发票必须盖上完整的民主理财监督章方可入账报销。每月报账情况由五人小组向全村村民公布，使村委会财务更透明，哪些钱该花，哪些钱不该花，花多花少，都由村民说了算。

自改革开放以来，中国成功地使全国的贫困人口减少了约 2.5 亿。以 2010 年的国家扶贫标准测算，中国当年的贫困发生率从 10.2% 下降到 2.8%，提前 5 年实现了贫困人口减半的联合国“千年发展目标”。

3. 再道一声，小平您好

1997 年 2 月 19 日深夜，晚睡的人如果打开电视机或者收音机，就能听到播音员低沉哽咽的声音：“中共中央、全国人大常务委员会、国务院、全国政协、中央军委发表《告全党全军全国各族人民书》：我们敬爱的邓小平同志因患帕金森病晚期，并发肺部感染，呼吸循环功能衰竭，经抢救无效，于 1997 年 2 月 19 日 21 时零 8 分在北京逝世，享年 93 岁。”

第二天，全国各大媒体在以黄金时段、主要版面发出邓小平逝世讣告的同时，纷纷推出缅怀伟人的相关报道。各大商场的电视机前挤满了市民，当天的报纸也被怀着悲痛心情的人们争相传阅。许许多多的老百姓虽然说不清什么叫市场经济，但对市场经济却有着最直观的评价，那就是“发家致富”，“人人过上好日子”。他们对邓小平时代所带来的变化有着极为深切的体会。韶山村党支部书记毛雨时回忆说：“实行改革开放，我们韶山村发展旅游，调整农业结构，村民的收入增长近 30 倍。现在，全村基本上家家建了楼房，有了摩托车，有了电话和电视机、电冰箱、洗衣机等家用电器，30 多户有了家用小汽车，10 多户购买了电脑。韶山村人民永远忘不了毛主席！忘不了邓小平！”

人们更忘不了那深情的一句“小平您好”。那是 1984 年 10 月 1 日，邓小平带着微笑，看着参加国庆游行的学生们打着写着“小平您好”的横幅，从天安门前

1997 年 2 月 19 日，邓小平在北京逝世，图为首都群众送别邓小平

走过。这句质朴的问候成为初享改革开放成果的中国人送给总设计师的一份厚礼，再也没有任何一句话比它更简短、更亲切。邓小平曾经深情地说过，他是中国人民的儿子，他深深地爱着这片土地。老人即便要永远离开了，也不愿惊动这片土地。所以，根据老人家的遗愿，当时没有举行大型追悼会。

搞改革开放的目的，就是让中国富强，让人民富裕。

历史赋予邓小平的任务是把中国引出计划经济的死胡同，并探索出一种能容纳市场机制的新体制。就这一历史任务而言，邓小平对得起历史，无愧于“中国改革开放的总设计师”的称号。世界各国领导人和世界舆论对他逝世的反应确认了这一点。时任联合国秘书长的安南在一项声明中说：“邓小平在中国这个朝气蓬勃的时期留下了不可磨灭的印记。”得到邓小平逝世的消息后，美国前总统克林顿的第一句话是：“邓小平是过去 20 年里世界舞台上的杰出人物。”俄罗斯前总统叶利钦也说：“他是使伟大而古老的国家发生历史性变化的改革宣告者和设计师。”

十里长街，终须一别，首都人民打出了“再道一声，小平您好”的横幅。纪念，是为了让记忆得到延续，让改革薪火代代相传。

4. 迎战亚洲金融危机

1997 年，金融体系脆弱的东南亚国家泰国经济疲

1997 年 11 月召开的全国金融工作会议

弱、出口下降、汇率偏高，给美国金融大鳄索罗斯等国际炒家提供了一个很好的投机机会。他们开始大量卖空泰铢，以迫使泰国放弃维持已久的与美元挂钩的固定汇率，进而吞噬泰国经济。

1997 年 7 月 2 日，泰国金融危机正式爆发。受泰铢急剧贬值的影响，同样脆弱的菲律宾比索、印度尼西亚盾、马来西亚林吉特等东南亚国家货币相继成为国际炒家们的攻击对象。自此，泰国、菲律宾、马来西亚、印度尼西亚等东南亚国家的汇市和股市一路狂泻，倒地不起，金融危机像瘟疫一样传染到东南亚各国。11月中旬，东北亚的韩国亦爆发金融风暴，因冲击到在韩国有大量投资的日本金融业，又使日本很多银行和证券公司相继破产。于是，源于东南亚的金融风暴演变成为亚洲金融危机。

10月，一些国际大炒家开始冲击香港股市，两天内使恒生指数和期指日狂跌1 000多点，随后又多次小规模狙击港元，企图将香港作为“超级提款机”。1998年8月，索罗斯等国际金融大鳄数次冲击香港联系汇率制度，导致港元对美元汇率迅速下跌，各大银行门前出现挤兑的人龙。在中央政府的大力支持下，特区政府沉着应对，动用巨额外汇储备，与国际炒家展开了殊死的金融保卫战。8月28日，国际炒家疯狂抛盘，特区政府照单全收。国际炒家最终弹尽粮绝，落荒而逃。香港取得了这场金融大战的最终胜利，保住了几十年的发展成果。

成功击退炒家后，首任财政司司长曾荫权解释了香港特区政府入市的必要性：“炒家所要拿走的，不单是金钱，更是香港金融制度的稳定和600万人的信心。”

在香港特区抵御金融风暴的整个过程中，中央政府给予了大力支持，首先就是坚持人民币不贬值。在与国际炒家决战的关键时刻，中央政府派出了两名央行副行长到香港，要求香港的全部中资机构，全力以赴支持香港政府的护盘行动，成为香港战胜金融风暴袭击的坚强后盾。不仅如此，在亚洲金融危机爆发后，中国政府在国际货币基金组织安排的框架内，通过双边渠道，向泰国等国提供了总额超过 40 亿美元的援助，向印度尼西亚等国提供了出口信贷和紧急无偿药品援助。在出口增长

事实真相

恒生指数　恒生指数，是指由香港恒生银行全资附属的恒生指数服务有限公司编制的，以香港股票市场中的 50 家上市公司股票为成份股样本，以其发行量为权数的加权平均股价指数。它是反映香港股市价幅趋势最有影响的一种股价指数，是香港股市价格的重要指针。该指数于 1969 年 11 月 24 日首次公开发布，基期为 1964 年 7 月 31 日，基期指数定为 100，并由恒生银行下属恒生指数有限公司负责计算及按季检讨，公布成份股调整。

率下降、国内需求不振、失业增多和遭遇特大洪涝灾害的情况下，中国政府经过多方面权衡，本着高度负责的态度，从维护本地区稳定和发展的大局出发，特别是为了避免货币危机进一步扩大，做出了人民币不贬值的决定。

在坚持人民币不贬值的同时，中国政府采取努力扩大内需，刺激经济增长的政策，保持了国内经济的健康和稳定增长，对缓解亚洲经济紧张形势、带动亚洲经济复苏发挥了重要作用，充分展现了负责任大国之风范。

5. 西部大开发

实施西部大开发战略，加快中西部地区发展，是党中央总揽全局、面向新世纪做出的重大决策，事关中华民族的长治久安与伟大复兴。

我国西部地区包括陕西、甘肃、宁夏、青海、新疆、四川、重庆、云南、贵州、西藏、广西、内蒙古共 12 个

为实施西部大开发战略，一批能源、交通重点工程相继开工，图为六盘山地区的高等级公路

省、自治区和直辖市，面积 685 万平方千米，占全国总面积 71.4%。我国少数民族人口 80% 左右在西部，陆地边境线 80% 以上也在西部。由于基础设施、自然环境、思想观念、历史原因等因素，西部地区的经济社会发展严重滞后于东部地区。长期以来的东强西弱，严重困扰着中国经济和社会健康发展的全局。

根据党中央和国务院的部署，2000 年 3 月，国务院

退耕还林工程使山川重新披上绿装

西部地区开发领导小组办公室正式成立。西部大开发战略的序幕，终于缓缓地拉开。从中央到地方，国家先后投入数以万亿计的资金，为西部“输血”：从天府之国到陇上江南，从雪域高原到八桂大地，交通、水利、能源、通信、市政等基础设施建设得以取得突破性进展，中国西部地区的整体面貌正在西部大开发的春风中焕然一新。

放眼望去，西部版图或干旱贫瘠或高寒荒漠，大多是生态比较脆弱的地区。当西部大开发的号角吹响之时，

伴随着对西部美好未来的憧憬，人们也有一份担心，开发西部，会不会造成大规模的生态破坏，进而影响国家生态安全？将近 20 年后的今天，当我们收获西部大开发丰硕成果时，这个担心也有了答案——西部大开发没有变成“大开挖”，人与自然环境之间的和谐共处，始终贯穿于西部大开发过程之中。

黄土高坡——这是革命圣地延安留在人们脑海中的基本印象，它是西部地区千百年来生态恶化的产物。而如今，“山坡坡栽树崖畔畔青，黄土高坡有了好风景；狂沙那个不起尘少见，林果绕村绿满眼”。这首新时代的《信天游》颠覆了人们的印象。

在西部大开发战略中，中央明确要求，加强生态环境保护是西部大开发的根本和切入点。所以，自西部大开发以来，通过实施天然林保护工程、退耕还林、退牧还草等一系列生态工程，西部的绿色得以不断延伸，西部生态屏障得以加强。

西部各族群众从大发展中不断得到实惠，人民生活水平大幅提高。危房改造、饮水安全、送电到乡、广播电视村村通……即便是西部地区偏远农村的群众，也都实实在在享受到了西部大开发的成果。

“党的政策好啊！咱都 92 岁了，已经不能为国家做啥事情了，每个月还能领到政府的 50 元补贴，这样的好事过去做梦也不敢想！”家住陕西省杨凌区的张老汉喜得合不拢嘴。孩子们也有实惠：当地政府实施的“蛋奶工程”，给每个中小学生课间提供一杯奶、一个鸡蛋，结束了农村孩子课间只能吃馒头加咸菜或者连馒头咸菜也没得吃的历史。

西部大开发的成就虽然已经初显，但距离最终目标还任重道远。但我们坚信，伴随着基础设施的不断改善，对内对外开放的进一步增强，经济发展水平的不断提高，西部大开发必将给全国人民带来更多惊喜。

第三章

世界工厂

1. 加入世贸

2001 年 11 月 10 日晚，中东国家卡塔尔首都多哈的喜来登饭店萨尔瓦会议大厅金碧辉煌，座无虚席。中国代表团成员全部到场，这也是中国人第一次在 WTO 会议中坐到了第一排的位置。18 时 39 分，世界贸易组织第四届部长级会议的大会主席、卡塔尔财政经济贸易部长约瑟夫·侯赛因·卡迈尔宣布，本次 WTO 部长级会议通过了中国加入世贸组织的决定，并随即敲响木槌。顿时，热烈的掌声响彻整个会议厅。

中国曾是关贸总协定 23 个创始缔约国之一。1948

宣布中国加入世贸组织时的木槌和签字笔

年4月21日，当时的中国政府签署了《临时适用议定书》，同年5月21日，中国成为关贸总协定缔约方。然而，台湾当局擅自于1950年3月通知联合国秘书长，决定退出关贸总协定。受当时国内外政治、经济环境的制约，我国未能及时提出恢复关贸总协定缔约国地位的申请。

随着实行改革开放政策并取得巨大经济成就，我国经济与世界经济的联系日益紧密。从加快实行改革开放政策、进一步发展国民经济的需要出发，中央政府于1986年做出了申请恢复我国关贸总协定缔约国地位的决定。

但是，搞市场经济是执行关贸总协定和世贸组织一整套规则和协议的前提。为了“市场经济”这几个字，

世界贸易组织多哈会议会场

自 1986 年 7 月 10 日提出恢复关贸总协定缔约方地位申请之日始，我国与世贸组织就整整谈判了 6 年。

1999 年 11 月，在国家主席江泽民和美国总统克林顿的直接推动下，经过 6 天 6 夜的艰苦谈判，终于达成了一个中美“双赢”的协议。中美达成协议后，中国在入世道路上最大的障碍已经被排除。随后，中国与欧盟于 2000 年 5 月达成协议，与其他进行双边市场准入谈判的成员国也纷纷达成协议。2001 年 9 月 13 日，中国与第 37 个成员国——墨西哥达成协议，从而结束了中国入世的双边市场准入谈判。

2001年11月，中国驻日内瓦代表团接到世贸组织总干事穆尔通知：11月9日至13日，世界贸易组织的部长级会议在卡塔尔首都多哈举行，讨论启动新一轮多边贸易谈判问题。在这次会议上，与会代表将审议通过中国加入世贸组织最后的法律文件。

从1986年7月10日递交复关照会起，中国加入世贸的谈判已历经了15年。朱镕基总理曾感慨道：“我们已经谈了15年，黑发人谈成了白发人。”

事实真相

世界贸易组织　世界贸易组织简称“世贸”，英文缩写为“WTO”，其前身是成立于1947年的世界关税与贸易总协定，该协定是一个政府间缔结的有关关税和贸易规则的多边协定，1995年重组以后改为现名——世界贸易组织。世界贸易组织是独立于联合国之外的一个永久性国际组织，具有重要的经济职能，有“经济领域的联合国”之称。它成立的宗旨是：通过实施市场开放、非歧视和公平贸易等原则，实现推动世界贸易自由化的目标。其现有成员国160多个，总部设在瑞士日内瓦。

中国为加入世界贸易组织做出的长期不懈的努力，充分表明了中国深化改革和扩大开放的决心和信心，而成功加入世贸组织则是中国对外开放的重要里程碑。加入世贸，可以大大推动中国改革开放的进程，也有利于所有世贸组织成员及全球经济健康发展。这不是畅想未来，而是眼下活生生的事实。

2. 中国制造

中国制造，简单来说就是在中国制造的商品。改革开放以来，由于人力资源方面的优势，中国生产的日常生活用品因价廉物美而受到全球顾客的普遍欢迎。可以说，世界上绝大多数国家的人们，在日常生活中随处都能见到印有“中国制造”标签（Made in China）的商品。

中国制造之所以能在世界范围内受欢迎，主要是它物美价廉、非常实用。从某种意义上说，中国制造已成为世界经济贸易发展的重要动力。

1998 年 6 月，我国为伊朗生产的首批地铁客车在长春整装待发

2006 年，中国出口总额已达 9 690 亿美元，是 1978 年的 100 倍，仅次于德、美，位居世界第三，是欧盟、日本最大进口来源国，是美国第二大进口来源国。质优价廉的中国制造，对降低全球生产成本，优化资源配置发挥了重要作用。也正是由于中国制造拥有这一竞争力，所以在过去相当长一段时间里，外部需求成了拉动中国经济增长的重要引擎。中国制造的出色表现，为中国经济保持高速发展、积累大量外汇储备，立下了汗马功劳。

在多年的对外贸易过程中，中国企业通过不断提高竞争力，才发展到现在的规模，拥有今天的地位。

2007 年，一位名叫萨拉·邦焦尔尼的美国女记者撰写的题为《离开中国制造的一年》的图书，在美中两国都产生了较大的反响和共鸣。书中讲道，由于萨拉与她的家人草率决定，从 2005 年 1 月 1 日起一年内不买任何中国货，结果这个选择给他们的家庭生活带来了种种不便。于是，在新的一年到来之时，这个家庭决定继续与中国制造一起生活。萨拉的故事，是这个全球化时代的微观剪影，也是中国制造强大竞争力的生动体现。

其实，从某种程度上说，中国制造也就是世界制造。目前，世界上很多国家都参与到了中国制造中，中国制造的贸易方式有一半以上是加工贸易，是按照外国订货商的要求和国际标准生产的。从出口主体来说，有一半以上的产品是由外资企业出口的。在国内外市场的竞争环境中，中国不仅有国有企业、民营企业，还有外资企业，是这些企业共同打造了中国制造。

目前，我国经济总量已跃居世界第二，是全球瞩目的最大的新兴经济体和制造业大国。但是，我国制造业产业仍处于国际产业链低端，我们要在稳住中国制造的基础上，开发中国创造，但实现这样的产业转型并不容易。

另外，中国制造给世界做出了巨大贡献的同时，也对国内的生态环境和自然资源造成了巨大冲击和破坏。这种以破坏国内环境和资源为代价的廉价生产是绝对不宜持续下去的。为确保可持续发展，中国政府必须也正在出台各项法律法规，自行逼迫中国制造升级换代，进而提升中国的产业结构，最终走出高消耗、高污染、廉价出口的局面。

3. 义乌指数

2006 年 10 月 22 日，商务部在浙江省义乌市正式编制并发布了义乌中国小商品指数，包括价格指数、景气指数和监测指标指数，三大指数下面又细分为 23 个分项指数。这样做有什么意义呢？

浙江义乌小商品市场

简单说来，编制小商品指数，就是要打造中国小商品的“道琼斯指数”，从而在一定程度上主导世界小商品的批发、库存、物流、人气，拥有市场定价权，进一步巩固和提升义乌对全球小商品市场的影响力。

义乌是中国最大的小商品集散地，是国际性的小商品流通、信息、展示中心。在 2005 年联合国、世界银行、摩根士丹利等世界权威机构联合发布的一份中国发展报告中，义乌被称为全球最大的小商品批发市场。

走进义乌商贸城的一楼，醒目的大屏幕上滚动发布着一组组红色数据，这就是商户们熟知的“义乌指数”。市场管理部门每周二都会定期发布一次周价格指数，每月月初也会发布当月的小商品景气行情。

“义乌指数”的发布，为政府和行业主管部门及时准确了解和掌握中国乃至世界小商品贸易动态，了解小商品专业市场的运行状况，制定相关行业政策和发展规划提供了现实可靠的依据。

“义乌指数”也为小商品生产者和经营者提供了商情信息，从而生产适销对路的商品，选择经营品种和进货时机，保持合理库存，提高资金利用率。“从有这个指数开始，我每天都盯两个盘，一个是股市大盘，一个就是‘义乌指数’。”在义乌做相框生意的金先生对“义乌指数”研究得很透彻，生意也因此做得长盛不衰。

在义乌乃至全国，有越来越多的生意人意识到了“义乌指数”的用处，因为它直接关系着他们的荷包。同时，“义乌指数”利用指数规避同行业无序竞争的市场干预能力也在不断增强，在提高贸易效率、减少贸易风险方面发挥了明显的作用。在国际贸易方面，“义乌指数”

历史掌故

世界银行

世界银行（World Bank）是世界银行集团的俗称，它成立于1944年，1946年6月开始营业，1947年5月9日贷出第一批贷款：向法国贷款2.5亿美元。按惯例，世界银行集团最高领导人由美国人担任，为期5年。中国是世界银行创始国之一，但中华人民共和国成立后，中国在世界银行的席位长期为台湾当局所占据。1980年5月15日，中国恢复世界银行成员国地位，次年接受了世行的第一笔贷款。

的市场导向作用越来越得到市场的认可，它的影响力还体现在义乌市场对国内外小商品制造业集聚能力的大幅提升上。

从中国市场到中国指数是经济发展的必然。中国市场依托中国制造，已经形成了强大的国际竞争力，完全有资格发布权威的市场指数，引导国际市场供需调节。

除了义乌“中国小商品指数”之外，还有余姚“中国塑料价格指数”、绍兴柯桥“纺织指数”等。今后，根据这些价格指数，国内生产商可以灵活组织生产，出口商、采购商可以确定采购价格。这些价格指数的编制、发布，有助于促进产品创新、产业升级，有助于培育若干个真正意义上的全球性商品交易中心，可以更好地促进中国制造畅行天下。

4. 创业中关村

在中国改革开放史上，中关村电子一条街的影响和意义，可以和小岗村的包产到户事件相提并论。

20 世纪 80 年代，中关村地区有 30 多所高等院校，130 多家科研机构。背靠高科技产业中心、坐拥高校密集的地理优势，是中关村高新技术产业的崛起优势与坚实基础。从 1982 年开始，北京京海计算机机房技术开发公司（简称京海）、科海新技术联合开发中心（简称科海）、四通公司、信通公司在两年间相继成立。这 4 家公司在中关村地区新技术企业中有一定代表性，它们的总收入占到中关村电子一条街新技术企业收入总额的 80%，人称“两通两海”。

20 世纪 90 年代初，中关村电子一条街的夜景

在以“两通两海”为代表的一大批民营科技公司成立之后，“中关村电子一条街”的名气一炮打响，并在相当长一段时间内，成为中国创新创业的一面旗帜。1986 年 12 月，《人民日报》以“北京中关村一场悄悄变革，中国硅谷正在这里孕育”为题描述了中关村的美好前景。

1988 年 5 月 10 日，国务院批准了《北京市新技术产业开发试验区暂行条例》。《条例》明确规定：以中关村地区为中心，在北京市海淀区划出 100 平方千米左右的区域，建立北京市新技术产业开发试验区。这标志着国内首个新技术产业开发试验区正式诞生。

1992年春，邓小平的南方谈话在试验区引起强烈反响，特别是关于“改革开放胆子要大一些，敢于试验，不能像小脚女人一样”“科技的希望在年轻人”等重要讲话，使试验区的决策者、企业家和年轻的科技工作者备受鼓舞。典型的例子是冯军，1992年，清华大学毕业的他放弃铁饭碗，带着200块钱来到中关村，从跑推销开始，走上了他的创业之路。冯军给自己的公司注册了一个商标——“华旗”，虽然当时公司只有他一个人，并且这位老板的工作也只是个搬运工，但经过几年的努力，华旗推出的“爱国者”品牌逐步进入人们的视线。在中关村，不管是过去，还是当下，一个个普通人正通过创新与奋斗，不懈与坚持，实现着梦想，改变着命运。他们中间有的人完成了从平凡到超凡的蜕变，而更多人的梦想正在这里萌芽、迸发……

1999年，伴随着国务院批复北京市政府和国家科技部《关于实施科教兴国战略加快建设中关村科技园区的请示》的执行，中关村科技园区的发展进入了新的历史阶段。中关村继续强势崛起，其崛起不仅优化了北京市

事实真相

中关村西区 中关村西区位于北京市海淀区核心地带，东临中关村大街，西接苏州街，北起北四环，南至海淀南路，是中关村科技园区的核心区域。西区又分“小西区”与“大西区”，小西区由北四环、中关村大街、丹棱街、彩和坊路围合而成，是核心中的核心，小西区以外为大西区。

的经济结构、产业结构，提高了从业人员的生活水平，而且在引领和推动全国发展高新技术产业方面起到了排头兵的作用。如今，中关村电子一条街已经被“中关村西区”这一称呼所替代，产业结构也发生了巨大调整，成为全中国智力资源最密集的自主创新示范区。

5. 三一重工之路

三一重工是享誉世界的中国名企，该企业的名字——三一，是“创建一流企业，造就一流人才，做出一流贡献”的意思。

2007年，由三一重工设计生产的66米泵车创造了工程机械行业的第一个吉尼斯纪录——全球最长臂架泵车。两年后，从英国吉尼斯总部赶来的特别代表又一次确认，三一重工制造的72米臂架泵车是当时全球最长臂架泵车。很快，三一重工成功研制的86米泵车再次刷新了自己两度蝉联的长臂架泵车世界纪录。

上述泵车的成功开发，既是技术的超越，也是核心竞争力的体现。它标志着中国牢牢掌握了世界混凝土泵车的最尖端技术，站在世界泵车设计和制造领域的最前沿，引领了行业的技术发展。

20世纪90年代，工程机械行业基本上还是洋品牌的天下，原装进口设备占据了95%以上的国内市场。创立于1989年的三一重工，虽是一家民营企业，但从创立之初就坚持走自主创新的发展道路。经过多年来坚持不懈的自主创新，三一重工不仅在知识产权方面硕果累累，而且引领了中国工程机械行业的振兴。

为进一步提高自主创新能力，将自己的成本优势与德国的技术优势结合起来，2009年1月29日，三一重

智利圣何塞铜矿矿难救援现场的 SCC4000 履带起重机

工在德国首都柏林和北威州举行了合作签字仪式，国务院总理温家宝与德国总理默克尔共同出席了这一签字仪式。成功进入德国市场，并在当地设立工厂和研发中心，在一定程度上是中国装备制造业向世界强国迈进的一个信号。因为机械制造一向是德国最具创新能力的行业之一，全球目前约有 28% 的机械制造专利均由德国公司申请。而就在这一年，三一重工超越了德国普茨迈斯特，成为世界上销量最大的混凝土泵车制造商，被业内同行尊称为“泵王”。

此外，三一重工还成功研制出了全球第一台全液压平地机、全球第一台三级配混凝土输送泵、全球第一台无泡沥青砂浆车、亚洲首台1 000吨级全路面起重机、全球最大3 600吨级履带起重机、中国首台混合动力挖掘机、全球首款移动成套设备A8“砂浆大师”等，不断推动“中国制造”走向世界一流。

在进军海外的过程中，最为抢眼的事件莫过于三一重工参与智利圣何塞铜矿矿难的救援一事。三一重工自主设计、制造的，被誉为“神州第一吊”的SCC4000履带起重机被当地政府选定为起吊装置第一方案参与救援工作。当红色的SCC4000履带起重机和汽车吊鸣笛驶入现场时，已先行进场的其他国家的救援机器纷纷鸣笛回应。守候在旁的矿工家属纷纷围拢过来，抚摸着红色的吊车，落下兴奋激动的泪水，有家属操着生硬的中文大声喊:“中国，谢谢！”

三一重工的科技创新能力和产品可靠性，彰显出“中国制造”在国际市场上竞争力的不断增强。这也让绝大多数外国人开始以新的眼光审视“中国制造”，不再是傲慢与偏见，而是惊讶、信任与尊重。

IV 第四章 科学发展

1. 科学发展观

2003年10月，党的十六届三中全会第一次明确了“科学发展观”的基本概念，即坚持以人为本，树立全面、协调、可持续的发展观，促进经济社会与人的全面发展。

今天，人们已经意识到，金山银山总会吃尽用完，只有绿水青山才是长久生存的源泉。以江西省为例，生态资源历来是江西的骄傲，能否在经济发展的同时，维持并扩大江西生态大省的优势？时任江西省委领导班子特别强调：江西不会走边发展、边污染的弯路，“既要金山银山，更要绿水青山”，即使GDP的增长慢2个百分点，也不准搞这些项目。当然有些地区受利益的驱动，各种情况还是有的，比如“小钢铁”“小水泥”“小皮革”“小电镀”等，这些项目很棘手，对环境的破坏最大。我们一旦发现就坚决纠正。

正是在科学发展观的指导下，江西开始逐步摆脱传统发展模式，跳出了“先污染后治理”的怪圈。

进入新世纪，随着我国经济规模不断扩大和资源消耗不断增加，经济发展与资源、环境的矛盾越来越尖锐突出。在一些人看来，经济发展与节能减排似乎是一对不可调和的矛盾，他们认为经济发展必然以牺牲资源和破坏环境为代价。在这种意识支配下，个别地方对资源和环境实行掠夺性的开发和利用，一度刺激了本地区经济的快速增长。虽然收获了金山银山，但耗损的是绿水青山，得到的是短暂的繁荣，留下了无尽的痛楚和遗憾。

发展循环经济的重庆发电厂是个不错的典范。该厂始建于1952年，是“一五”期间苏联援建我国的156项重点工程之一，它在解决重庆紧张的电力供应的同时，

正在试运行的重庆发电厂脱硫工程

也成了影响整个重庆的大污染源。电厂附近的居民回忆说："那个年代刚流行穿白衬衣，黄桷坪这一带谁都不敢穿。"早上醒来，推开屋门，地面上满是黑色的烟尘。遇到刮风，屋内也马上堆起厚厚一层灰。20 世纪 80 年代，重庆发电厂专门为此修起了号称当时亚洲第一高的烟囱，结果烟尘依旧。

在科学发展观的指导下，如今的重庆发电厂已经克服了重重困难，在节能、降耗、减污、增效方面均取得了显著成效。以粉煤灰为例，它是燃煤电厂发电产生的工业废弃物，一旦飘散到大气中就会影响环境。堆积存放也会占据庞大面积，浪费土地资源，加大企业成本。可现在，发电厂经过研究，以粉煤灰为原料，发展起了新型墙体材料产业，并逐步形成了以粉煤灰为纽带的综合利用产业链。

2. 构建和谐社会

2007 年 11 月 1 日，对于长春市团山大街棚户区的 3 373 户居民来说，是个喜庆和值得铭记的日子：他们告别了低矮破旧的棚户区，扭着秧歌，敲着锣鼓，欢天喜地地搬进了崭新整洁的小区。最先从时任建设部部长的汪光焘手中接过新居钥匙的棚户区居民温淑华激动不已，她家上有 80 多岁的婆婆，下有 20 多岁的孩子，一家四口挤在20平方米的危房里，棚户区改造的优惠政策让她只花了2万元就搬进了50平方米的新居。她说："这不仅是一把新房的钥匙，更是一把开启安居乐业幸福新生活的金钥匙。"

城乡困难群体是民生的重点，也是党中央着力解决的主要问题之一。在经济持续高速增长的同时，我国社会内部各种利益关系的多元化、人际关系的复杂化，以及人与自然关系的紧张化日趋明显。因此，党的十六大在阐述全面建设小康社会的奋斗目标时，提出了"社会更加和谐"的要求。

2004年9月，党的十六届四中全会首次提出了构建社会主义和谐社会的历史任务。2005年2月19日，胡锦涛总书记进一步阐明了社会主义和谐社会的基本内涵："我们所要建设的社会主义和谐社会，应该是民主法治、公平正义、诚信友爱、充满活力、安定有序、人与自然和谐相处的社会。"

构建和谐社会，当然不能忘了农民兄弟，特别是来自五湖四海、漂在各大中小城市的农民工群体。目前，

事实真相

棚户区　“棚户区”是国内的专有名词，国外与之相近的概念是“贫民窟”，但两者绝不等同。普遍来说，中国的棚户区各方面条件大大优于国外的贫民窟。棚户区，一般泛指城市里平房密度大、使用年限久、房屋质量差、人均建筑面积小、基础设施配套不齐全、交通不便利、治安和消防隐患大、环境卫生脏乱差的区域。从 2005 年开始，我国政府率先在东北三省相继开展了大规模的棚户区改造工程，这是中华人民共和国成立以来东北地区最为庞大的安居工程。

全国在城市务工的农民工总人数已经超过 2 亿，他们已逐渐成长壮大并定型为一个新兴的庞大的利益群体。随着中国改革开放和城镇一体化步伐的推进，今后必将会有更多农民离开农村，到城市务工。因此，作为一个逐渐为社会所承认的新兴群体，它理应有自己的利益代表和申诉人，体现在人民代表大会制度上，就是应该有农民工中的人大代表。

“农民工不怕受苦，就怕受气。”这是来自重庆的建筑工人、十八大农民工代表康厚明的口头禅。“作为十八

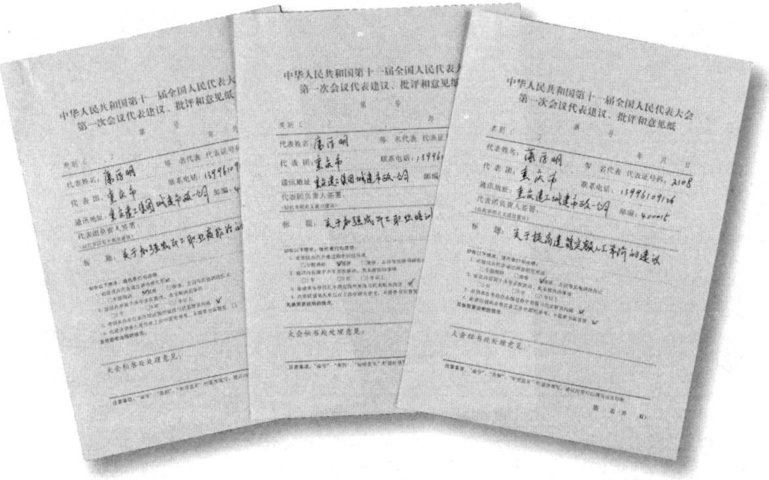

农民工代表康厚明提交的建议

大代表，我将当好农民工代言人，为他们争取到更多的权益。”康厚明深有感慨地说，“我们农民工付出的不只是汗水，更多的是辛酸。”为此，他始终把维护农民工的合法权益作为自己的重要责任。在他看来，走进人民大会堂的时候，他身后矗立着一个2亿多人的庞大群体，而他就是这2亿多人的代言人。

无可否认，目前广大农民工的幸福度还远不能与那些不必漂泊异乡的同胞相提并论，但从某种意义上说，农民工当选人大代表，本身就意味着广大农民工的诉求将得到更加直接、有效的表达，他们的诉求也必将得到前所未有的尊重，因为这是真正意义上的和谐社会得以实现的基本前提。

3. 告别“皇粮国税”

2005 年 12 月 29 日下午，十届全国人大常委会第 19 次会议正在就废止农业税条例进行表决：

“赞成 162 票；反对 0 票；弃权 1 票。”

“通过！”全国人大常委会委员长吴邦国宣布。

会议决定，自 2006 年 1 月 1 日起，国家不再针对农业单独征税，一个在中国存在了 2 600 多年的古老税种宣告终结，原定 5 年内取消农业税的设想提前实现。

农业税实际上包括农业税、农业特产税和牧业税。1958 年 6 月 3 日，一届全国人大常委会第 96 次会议通过了《中华人民共和国农业税条例》，该条例实施以来，对于正确处理国家与农民的分配关系、发展农业生产、保证国家掌握必要的粮源、保证基层政权运转等发挥了重要作用。

但是，农业税也在一定程度上加重了农民负担。20世纪80年代中后期，农民负担问题逐步突出，引起中央高度重视。从1990年开始，中央开始进行减轻农民负担工作，并取得了一定成效。然而，城乡差距日渐加大的事实表明，农民虽然是改革开放的受益者，但和城市的生活水平相比，他们的受益却很小。农业税是农民负担中最大的一块，7%的主税及其20%的附加合成后的农业税税率达8.4%。作为生产者和经营者，城市工商业者把商品拿到市场上去卖才交税，而农民无论实际产量和成本消耗多大，都必须按定额交税，这使得农业税几乎变成了“地租”。

2000年，湖北省监利县棋盘乡党委书记李昌平以上书总理的方式尖锐地提出了农村中存在的这些问题：“我怀着对党的无限忠诚，对农民的深切同情，含着泪水给您写信。我要对您说的是：现在农民真苦，农村真穷，农业真危险！”

同年，中共中央、国务院决定以安徽全省为农村税费改革试点地区。2002年，国务院又将河北、内蒙古、

十届全国人大常委会第 19 次会议表决通过关于废止农业税条例的决定

黑龙江等省确定为农村税费改革试点地区。2003 年，在试点的基础上，农村税费改革在全国全面推开。

2004 年，中共中央、国务院通过“一号文件”的形式，决定用 5 年的时间逐步取消农业税，取消烟叶以外的农林特产税，增加对农业的投入，实施直接补贴政策，逐步扩大对农民的补贴范围。

那么，农业税的取消，具体落实到老百姓头上是什

历史掌故

农业税

农业税起源很早，中国过去叫田赋，西方国家称地租税或土地税。中国最早的有完整记载的农业税为春秋时期鲁国的“初税亩”，距今已有2 600多年的历史。历史上，中国农民大多数情况下不仅要承担繁重的农业税，还要承担一系列与之伴生的苛捐杂税，负担很重，以致频频官逼民反。可以说，农业税在历史上一直牵动着中国的走向和兴衰。2006年中国全面废止农业税，标志着这项古老且传统的税种在我国就此终结。

么状况呢？“以前我出来找工作把地给别人种，14亩地我还倒贴2 000多块钱的农业税，但自从2006年取消之后，他现在还在帮我种那些地，但反倒要给我2 000多块钱了。”这是在深圳务工的湖南益阳农民老李对于农业税取消后算出来的最简单的经济账。但实际上，取消农业税的意义远不止如此。过去农业税征收的时候，基层政府往往搭车收费，与农民关系恶化。现在废止农业税，各种搭车收费也就无所依托，这必将再一次解放农村生产力，对中国农业发展具有划时代意义。

4. “星光中国芯”工程

1999年10月，在信息产业部的直接领导下，在财政部、发改委、科技部、商务部和北京市人民政府、中关村管委会等有关单位的大力帮助下，由多位来自硅谷的企业家在北京中关村科技园区创建了中星微电子有限公司，承担起国家战略项目——“星光中国芯”工程，致力于数字多媒体芯片的开发、设计和产业化。

自20世纪80年代兴起以来，在短短的10多年内，随着多媒体技术和计算机技术、网络通信技术和数字技术的融合，数字多媒体芯片已成为信息技术的核心。在信息化、数字化时代即将到来之际，数字多媒体芯片正起着举足轻重的作用。2000年6月，国务院颁布了18号文件《鼓励软件产业和集成电路发展的若干政策》，提出“经过5到10年，让国产集成电路产品能够满足国内市场的部分需求，并有一定数量的出口，同时进一步缩小与发达国家在开发和生产技术上的差距”。

“星光中国芯”工程是以数字多媒体芯片为突破口，致力于将“中国芯”率先打入国际市场的国家战略工程。工程自启动以来，一直受到各级领导以及社会各界的关注和大力支持。2003 年，胡锦涛总书记视察时说：“我对你们的选择和取得的成就感到高兴。希望大家瞄准世界科技发展的前沿，努力研发一流产品，创造一流效益，为全面建设小康社会做出贡献。”

2005 年以后，建设创新型国家、大力开展自主创新成为全社会刻不容缓的重要任务。所谓创新型国家，是指那些将科技创新作为基本战略，大幅度提高科技创新能力，形成日益强大竞争优势的国家。以胡锦涛为总书记的党中央，在科学分析我国基本国情，全面判断我国战略需求的基础上，将推进自主创新、建设创新型国家当作落实科学发展观的当务之急与重中之重，并上升至国家战略层面。而对芯片设计这种核心技术行业来说，没有创新就无法在全球竞争中占据有利位置，从而受制于人。中星微电子所坚持的、以自主知识产权为核心竞争力的策略，恰好与国家政策导向保持了高度一致。

拥有自主知识产权并大规模进入国际市场的“星光中国芯”数字多媒体芯片

历经10年的自主创新，“星光中国芯”工程先后取得了八大核心技术的突破和大规模产业化等一系列重要成果，申请超过1 500多项国内外技术专利，取得了全球过亿枚的销售量，产品覆盖16个国家和地区，使得中国在PC图像输入、移动多媒体领域两大重点应用领域取得了全球领先的地位，实现了中国高科技产业由“中国制造”向“中国创造”的迈进。

“星光”系列数字多媒体芯片使我国集成电路芯片第一次在全球市场份额领先，标志着中国已经在某些重要芯片领域处于世界领先水平，也为我国在数字多媒体芯片领域进一步深入开发及大规模产业化提供了核心技术和知识产权的可靠保障。

第五章

V 多难兴邦

1. 力抗洪魔

1998年，入汛以后，由于气候异常，全国大部分地区降雨明显偏多，致使一些地方遭受严重的洪涝灾害。长江发生了继1954年以来又一次全流域性大洪水，先后出现了8次洪峰，宜昌以下360千米江段和洞庭湖、鄱阳湖的水位，长时间超过历史最高纪录。

九江告急！荆州告急！武汉告急！大庆告急！哈尔滨告急！灾情一次次传向北京，传向中南海。一时间，洪水成了大江南北的共同话题，抗洪抢险成了长城内外的一致行动，一幕幕催人泪下、感人至深的动人画面就在洪水中上演，一幅幅战天斗地、可歌可泣的雄壮乐曲就在洪魔面前不断奏响。

在洪水面前，以江泽民同志为核心的党中央领导集体运筹帷幄，做出了一系列重大决策，为整个抗洪斗争指明了方向，为广大军民出色完成任务，为夺取抗洪抢险的全面胜利提供了坚强的政治保证。通过抗洪斗争，中国人民的心凝聚在一起。人们记住了江泽民亲临抗洪前线指导工作的画面，记住了朱镕基在九江大堤上声色俱厉地怒斥官员搞的“豆腐渣工程”的场景；还记住了温家宝挺过危机，没有下荆江分洪命令后流下的眼泪——这一挺，就是 150 亿，33 万人的身家财产！

洪水浩荡，泥沙俱下，挡不住大江南北的真情奔涌，挡不住无数抗洪英雄义无反顾的脚步。千里长堤，军旗招展。点点迷彩，汇成绿色的海洋。当洪水带来的灭顶之灾袭向灾区人民时，身穿迷彩的解放军战士和武警官员用血肉之躯筑起了钢铁长城。洪水无情人有情，点点迷彩为洪水中的人民群众带来了生的希望。

1998 年 8 月 10 日，第四次特大洪峰逼近武汉，地

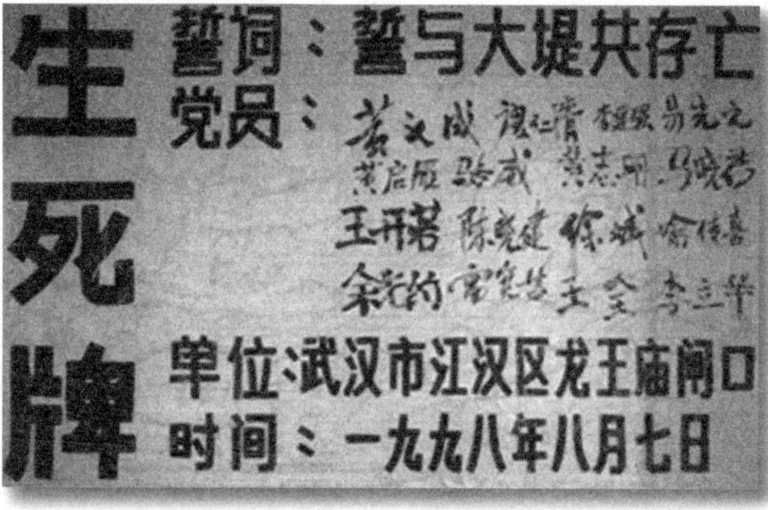

长江大堤上竖起的抗洪抢险“生死牌”

处长江与汉江交汇处的龙王庙闸口是武汉 14 个险段中的险中之险，一旦大水冲了龙王庙，拥有 700 多万人口的武汉三镇就将遭遇灭顶之灾。32 名守闸人员在这里日夜坚守了 40 多天，大家的精神和体力消耗都已接近极限，水位还在一天天上涨。如何才能让大家继续坚持下去，成了必须面对的问题。没有犹豫，没有退缩，16 名党员在大堤上成立了临时党支部，决定立一块生死牌，签上自己的名字，用“人在堤在”的信念激励自己。

参加抗洪前线采访任务的北京青年报记者戴菁菁至

今记得第一眼看到“生死牌”的感觉：“我心里真的一颤。那时我大学毕业参加工作只有一年，刚刚转为中共正式党员。一直是在和平时期，总觉得生生死死是离自己很遥远的事情。但是当我看到‘生死牌’的时候，尽管上面没有我的签名，也感觉到我手里的笔有多重。”

经过两个多月的顽强拼搏，150 年一遇的长江特大洪水终于屈服在全民族团结一心所迸发出的移山伟力面前。“沧海横流，方显英雄本色”，在这次抗洪抢险斗争中，我们的

历史掌故

洪涝灾害

中国是洪涝灾害尤其是水灾频仍的国家。相关资料显示，从公元前 206 年至公元 1949 年共 2 155 年间，大水灾就发生过 1 029 次，几乎每两年一次。相比长江水灾，中华民族的母亲河——黄河水害更加频仍，在历史上它曾经决口泛滥 1 500 多次，大的改道 26 次，每次皆损失巨大。中华人民共和国成立后，先后修建、开展了一大批水利工程，很大程度上减少了相关危害，但由于气候、降雨、地貌、生态等多重因素，中国人民仍不可避免地要在未来与洪涝灾害长期作战。

军队以自己的实际行动说明，他们是党和人民完全可以信赖的革命队伍，是保卫国家安全和人民利益的钢铁长城，是保卫改革开放和现代化建设事业的坚强柱石，是新时期最可爱的人。

2. 非典生死战

非典，是传染性非典型肺炎的简称，是一种传染性很强、致死率很高的呼吸系统疾病。2002 年 11 月，中国首例非典病例发生在广东省佛山市。2003 年 2 月中下旬，疫情开始在广东局部地区流行，3 月上旬传入山西、北京，并开始在华北地区传播和蔓延，接着逐步向全国扩散，到 4 月中下旬，疫情已波及全国 26 个省、自治区、直辖市。非典，成了 2003 年中国人抹不掉的共同记忆。

那是一场没有硝烟的战争，更是一场不同寻常的“考试”。在党中央、国务院的坚强领导下，全国人民团结一心，与这一突发性重大灾害进行了艰苦、顽强的斗争，并最终打赢了这场生死战。

历史不会忘记，2003年春天，有这样一群无私无畏的医务工作者。在那充满疑虑、充满期待的日子，他们救死扶伤，抗击病魔，谱写了一曲曲可歌可泣的赞歌。这其中，有一个忙碌的身影格外引人注目。他就是中国工程院院士、著名呼吸病专家、广东省非典型肺炎医疗救护专家指导小组组长钟南山。

除夕之夜，万家团聚，钟南山领导下的广州呼吸疾病研究所却成了非典型肺炎救治的技术核心与攻坚重地。面对一些医务人员的顾虑情绪，他毫不犹豫地说：“医院是战场，作为战士，我们不冲上去谁上去？”在疫情最严重时，他以一个医生的医德主动请缨：“把最危重的病人转到呼研所来。”这淡淡的一句话，无异于平地惊雷般的“向我开炮！”。这一声之后，是他以66岁的高龄，连续38小时救治患者的身影。他说：“在我们这个岗位上，做好防治疾病的工作，就是最大的政治。”

钟南山不仅医术精湛、医德高尚，他尊重科学、实事求是、敢医敢言的道德风骨和学术勇气更加令人景仰。

著名版画家彦涵为战胜“非典”创作的木版画《生命卫士》

中国知识分子最宝贵的精神在他身上体现得淋漓尽致：不唯上，不信邪，敢担责任。紧要关头，他毅然否定了有关部门关于“典型衣原体是非典型肺炎病因”的观点，为广东卫生行政部门及时制订救治方案提供了决策论据，使广东成为全球非典病人治愈率最高、死亡率最低的地区之一。

非典是一面镜子，是一块试金石，更是一场道德与责任的当堂考试。把风险留给自己，把安全留给病人，这是非典期间无数医务工作者的崇高精神境界。

叶欣，一个在广东省中医院当了23年急诊科护士长的白衣战士，无论是现场急救坠楼的垂危民工，带头护理艾滋病吸毒者，还是冒死抢救非典型肺炎病人，她从来没有瞻前顾后过。2003年3月24日凌晨，因抢救非典型肺炎病人而不幸染病的叶欣光荣殉职，终年46岁。生前，她留下了令人刻骨铭心的宣言："这里危险，让我来。"

经过坚持不懈的奋斗，非典疫情最终得到了逐步有效的控制。从5月中旬开始，全国日发病人数、日死亡人数大幅下降，治愈出院人数大幅上升，疫情趋于平缓。从6月初开始，全国日发病人数达到零报告或者个位数报告。至8月5日，抗击非典之役正式画下句号。

3. 汶川，别哭！

2008 年 5 月 12 日下午 14 时 28 分，四川省汶川县发生了里氏 8.0 级特大地震。这是中华人民共和国成立以来破坏性最强、波及范围最广、救灾难度最大的一次地震。胡锦涛总书记立即做出重要指示，党中央和国务院迅速成立了以温家宝总理为总指挥的抗震救灾总指挥部，第一时间赶赴灾区指导开展抗震救灾工作。

灾难发生后，军队应急机制全面启动。成都、济南等军区迅速派出部队奔赴灾区救援。先后有 14.6 万名中国军人抵达灾区抗震救灾，涉及地域之广、动用力量之多、投入速度之快，都创下了我军抗灾的历史纪录。

无情的大地吞没了学校、店铺、工厂、农庄，数万人遇难，数十万人受伤，数百万房屋倒塌，数千万中国人无家可归。

抗灾中让人感动的故事、催人泪下的场景比比皆是。有用自己的奶水喂养孤婴的女民警蒋小娟；有背着病人

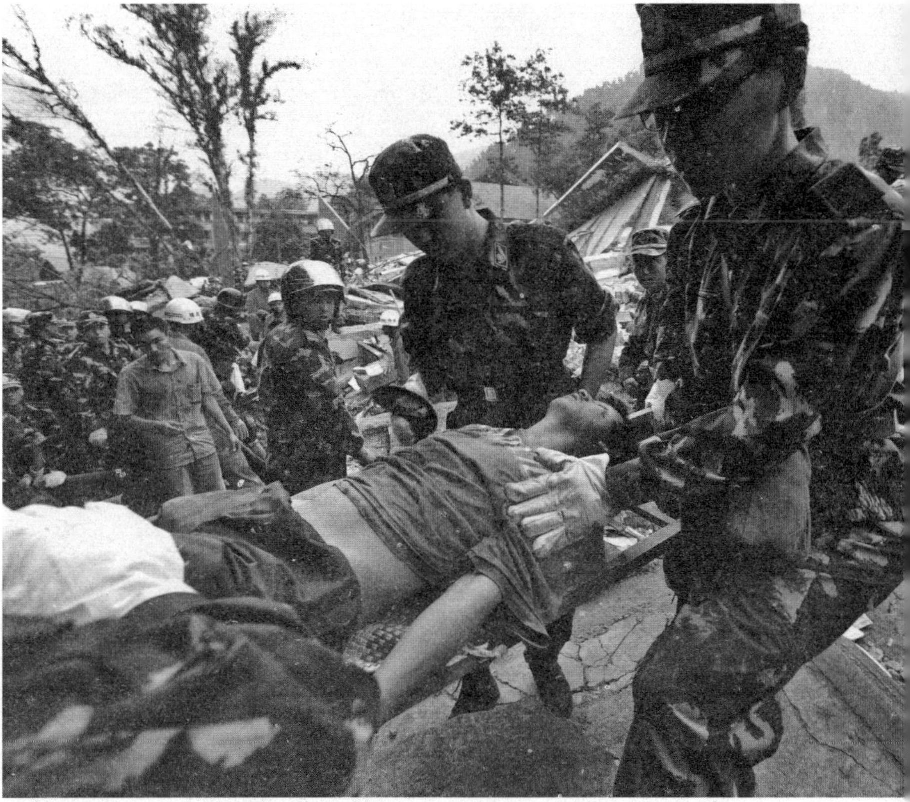

2008 年 5 月 13 日，救援人员在争分夺秒地抢救受伤学生

转移导致自己流产的护士陈晓泸；有用自己的躯体去护佑孩子们的最美女教师袁文婷；有忍着失去 10 位亲人的巨大悲痛，毅然坚守岗位、认真履行使命的女民警蒋敏；有写好了遗书，从超出平常训练高度 5 倍以上的 5 000 米高空纵身跃出的 15 名伞兵；还有冒险挺进灾区，在余震

不断的废墟上以命救命的十几万解放军战士。

映秀镇小学29岁的数学老师张米亚，在灾难突如其来之际，用生命向世人宣告了人民教师这一职业的神圣。他在大地震来临时用双臂紧紧搂住两个小学生，两个孩子得以生还。但由于他紧抱孩子的手臂已经僵硬，救援人员只得含泪忍痛把张老师的手锯掉，才把孩子救出。张老师以自己的实际行动诠释了自己生前最喜欢的那句话："摘下我的翅膀，送给你飞翔！"

事实真相

震级 地震震级是根据地震仪记录的地震波振幅来测定的，一般采用里氏震级标准，即根据震中100千米处的标准地震仪所记录的地震波最大振幅值的对数来表示，共分9个等级，地震愈大，震级数字也愈大。按震级大小，可将地震划分为以下几类：弱震，震级小于3级；有感地震，震级等于或大于3级、小于或等于4.5级；中强震，震级大于4.5级、小于6级；强震，震级等于或大于6级。震级大于等于8级的称为特大地震。震级每相差1.0级，能量相差大约30倍。6级地震释放的能量，相当于美国投掷在日本广岛的原子弹的能量。

5 月 16 日上午，在抗震救灾的危急时刻，胡锦涛总书记赶赴四川地震灾区，实地查看灾情，指导抗震救灾工作。在北川中学，他坚定地说："当务之急仍然是救人，只要有一线希望，我们都要千方百计地抢救。"

为表达全国各族人民对四川汶川大地震遇难同胞的深切哀悼，国务院决定把 5 月 19 日至 21 日设为全国哀悼日。这是中华人民共和国成立以来第一次为普通公民设立全国哀悼日，第一次为平民百姓降半旗。

汶川特大地震，给四川人民群众的生命财产和经济社会发展造成了巨大损失。据震后统计，死亡人数近 7 万人，受伤 374 000 余人，失踪 17 800 余人。受灾人口达 4 610 余万，直接经济损失 8 451 亿元，震后的恢复重建费用，估算为 1 万亿元。

在党中央、国务院的坚强领导和亲切关怀下，兄弟省、区、市及社会各界倾力支援、倾情相助，灾区人民也发扬自力更生、艰苦奋斗精神，使得灾区从废墟上迅速站立起来。

多难兴邦，当年满目疮痍的地震灾区如今已焕发出新的活力，而在经历过一系列灾难考验后，无论是国家的装备、技术，还是对灾难的反应速度及灾情研判，都有了质的飞跃。我国的灾害应急管理体系建设也驶上快车道。应急管理预案体制、机制和能力都有了跨越式发展。

4. 舟曲，加油！

2010 年 8 月 7 日，甘肃省舟曲县发生了一场突如其来的特大山洪泥石流灾害，1 500 多条生命之花因此凋落。此外，灾难还造成 1.2 千米长的堰塞湖，没过了 1/3 的县城，150 万立方米的淤积物将医院、学校、集市瞬间吞噬……

“只要有一线希望，就要做出百倍努力。”这是党和政府对灾区群众的庄严承诺。8 日凌晨，中共中央总书记胡锦涛、国务院总理温家宝第一时间对抢险救援做出明确指示。当日中午，温家宝即乘专机急赴舟曲灾区，并在专机上召集随行的国务院有关部门负责人开会议，决定成立国务院舟曲抗洪救灾临时指挥部并做出工作

战斗在舟曲特大山洪泥石流灾害第一线的党员突击队

部署。

8 日清晨 5 时许，救灾官兵分别从甘肃、宁夏等地紧急出发，先头部队 11 时许即已到达救灾一线，并立即展开救援；8 时 30 分，国家减灾委、民政部紧急启动国家救灾应急响应，向灾区紧急调拨睡袋、帐篷等物资；12 时 30 分，随着机群从北京沙河机场呼啸起飞，空军执行舟曲抢险救灾任务全面启动……

时间就是生命，这是一场与死神的赛跑。

参加过汶川、玉树地震救援的北京军区某工兵团70名国家救援队成员，携带12条搜救犬和生命探测仪、“蛇眼”等搜救设备，于9日凌晨4时连夜从北京南苑机场起飞。到达甘肃临洮机场后，又随即进行摩托化行军，于当天晚上到达舟曲县，展开搜救。

与舟曲县毗邻的四川省广元军分区、阿坝军分区紧急动员起来，迅速派出民兵分队，携救护车和医疗器械赶往舟曲县参加救援。

9日10时许，兰州军区某舟桥团官兵乘冲锋舟在堰塞湖淹没区搜寻时，一名群众喊话说，七寨村一座住宅楼内有一名瘫痪在床的七旬老人。

“掉头，赶紧去救！”冲锋舟迅速向七寨村方向驶去。

战士们到达单元楼道口后发现，积水已经漫过一楼。“赶紧上楼救人！”战士吴一财和胡智俊上楼将74岁的老人李门头抬到冲锋舟前，接应的官兵则站在被水淹没的楼梯上，合力将老人抬上了“生命之舟”。

“就是动员一百个、一千个、一万个官兵，能救出一名群众来，也值！”兰州军区某集团军政委刘雷的话，道出了所有抢险救援官兵心中“绝不放弃”的信念。

灾情发生后，舟曲基层党组织临危不乱、沉着应对，团结、带领广大群众，战斗在抢险救灾第一线。参与抢险救灾的干部挺身而出、身先士卒，组织群众抢救被困人员，想方设法安置受灾群众。广大共产党员舍生忘死、勇往直前，始终战斗在抢险救灾的最前沿。舟曲县组建了 127 支“党员突击队”，全县 2 136 名党员臂戴“党员突击队”袖标，佩戴党徽和“我是党员”胸卡，亮出党员身份，真正做到了关键时刻站得出来，危急关头豁得出去，充分发挥了先锋模范作用。

VI 第六章 筑梦中国

1. 截断高峡出平湖

2006 年 5 月 20 日，举世瞩目的三峡大坝从北到南全线贯通，一个世纪的梦想，经过几代伟人的努力，终于变成现实。

三峡大坝全长 2 309 米，高 185 米，混凝土浇筑总量超过 1 600 万立方米，是世界上规模最大的大坝。

三峡由瞿塘峡、巫峡和西陵峡组成。建设三峡这一设想，最早是由孙中山先生在其《建国方略》中提出的。中华人民共和国成立以后，建设三峡构想的背后，除了发电的需求以外，更现实的考虑是长江两岸年复一年的防洪形势。

1956 年，毛泽东在武汉畅游长江时，用他惯有的浪漫手法勾勒出了三峡工程的宏伟蓝图:“更立西江石壁，截断巫山云雨，高峡出平湖。”1958 年春，周恩来实地考察了三峡工程坝址和三峡库区后，最终形成了经中央政治局批准的中共中央《关于三峡水利枢纽和长江流域规划的意见》。

《意见》指出:“从国家长远的经济发展和技术条件两个方面考虑，三峡水利工程本世纪是需要修建而且可能修建的；但是最后下决心确定修建及何时开始修建，要待各个重要方面的准备工作基本完成之后，才能最后决定。”

为给三峡工程做实战准备，1970 年 12 月 26 日，位于三峡末端河段上的葛洲坝工程被批准兴建。10 万建设大军在这里苦战 20 年，完成了葛洲坝的建设。1981 年葛洲坝开始发电，1989 年全部建成，为三峡工程积累了宝贵的经验。

新中国几代水利建设者们对三峡工程进行了精心

三峡大坝全景

设计和反复论证。作为中国有史以来最大型的工程项目，同时也是世界上规模最大的水电站，三峡工程引发了关于移民搬迁、环境、安全等诸多问题，人们对此质疑声不断。1992 年 4 月 3 日，全国人大七届五次会议以 1 767 票赞同、171 票反对、664 票弃权、25 人未按表决器，近 1/3 的人反对或者弃权的结果，通过了《关于兴建三峡工程决议》。从此，历时半个多世纪的三峡工程论证和审查工作终于画上句号，进入具体施工阶段。

事实真相

《水调歌头·游泳》“更立西江石壁，截断巫山云雨，高峡出平湖”，出自毛泽东的著名词作《水调歌头·游泳》，是毛泽东在 1956 年巡视南方，三次畅游长江时写下的词。全词如下：

才饮长沙水，又食武昌鱼。万里长江横渡，极目楚天舒。不管风吹浪打，胜似闲庭信步，今日得宽馀。子在川上曰：逝者如斯夫！

风樯动，龟蛇静，起宏图。一桥飞架南北，天堑变通途。更立西江石壁，截断巫山云雨，高峡出平湖。神女应无恙，当惊世界殊。

1994 年 12 月 14 日，举世瞩目的长江三峡工程开工典礼大会在三峡大坝坝址——湖北省宜昌市三斗坪举行。大会在中华人民共和国国歌和礼炮声中隆重开始，李鹏总理在大会上发表了题为《功在当代利千秋》的重要讲话。他指出:“一个宏伟壮丽的三峡工程将巍然屹立在中国的大地上，她将向全世界证明：中国人民有志气、有能力建设好当今世界上最大的水利水电工程。三峡工程功在当代利千秋。”

三峡工地最高峰时有 3 万多名建设者，建设初期的条件极其艰苦。有一年春节，一对农民工夫妇在涵洞里支起了一个“家”。这个“家”的“门”口，也贴着对联，挂着腊肉。这种顽强的、生生不息的精神正是铸就三峡精神之魂！他们或许是为了生计走进了三峡，但谁能不说这也是一种奉献呢？

经过艰苦努力，三峡工程的建设者们创造了 100 多项“世界之最”，打破了世界水利工程史上的许多纪录。毛泽东当年“更立西江石壁，截断巫山云雨，高峡出平湖”的构想，终于变成了现实。

2. 世界屋脊铁龙飞

2006年7月1日上午，青藏铁路通车庆祝大会在青海省格尔木市和西藏自治区拉萨市隆重举行。中共中央总书记、国家主席、中央军委主席胡锦涛专程前往格尔木出席庆祝大会，并发表了重要讲话。

曾几何时，交通运输设施的落后，严重制约了西藏自治区经济、社会的发展。因此，把铁路延伸到西藏，是西藏各民族的百年梦想，也是几代铁路建设者的夙愿。1953年，毛泽东亲点王震出任铁道兵司令员。从那时起，让铁路跨越昆仑山，便成为每一位铁路建设者不忘的信念、永恒的目标。青藏铁路第一期工程东起高原古城西宁，穿崇山峻岭，越草原戈壁，过盐湖沼泽，西至昆仑山下的戈壁新城格尔木。1958年分段开工建设，1984年5月全段建成通车。

随着国民经济发展和西部大开发的不断加快，这条铁路的运输能力已远远不能适应需求。2001年2月8日，国务院批准建设青藏铁路二期工程，它起自青海省格尔木市，终抵西藏自治区首府拉萨市，全长 1 142 千米。其中翻越唐古拉山的铁路最高点海拔 5 072 米，经过常年白雪皑皑的唐古拉山垭口，被誉为“离天空最近的铁路”。铁路修建者们说，在海拔这么高的地方工作，就好像是“站在巨人的肩膀上修铁路”。他们挑战生命极限，破解了多年冻土、高寒缺氧和生态脆弱三大世界难题，将无数奇迹定格在雪域高原。

多年冻土被列为青藏铁路建设“三大难题”之首，冻土对温度极为敏感，在寒冷的季节，冻土会像冰一样冻结，体积随着温度的降低而膨胀；到了夏季，融化的冻土体积又会缩小。冻土的冻结和融化反复交替出现，会使铺建在上面的铁路随着不同季节，出现波浪形高低

青藏铁路建设者使用过的压力锅

2006 年 7 月 1 日，青藏铁路全线通车，受到当地群众热烈欢迎

起伏。铁路建设者们想出了许多办法，如铺设通风管路

基、以桥代路、铺设保温板、采用“热棒”技术和遮阳篷结构等多项设施，创造性地解决了冻土施工难题，提

高了冻土路基的稳定性。青藏铁路也因此集世界冻土工程措施于一身，被人们称为“世界冻土工程博物馆”。

青藏铁路穿越了可可西里、三江源、羌塘等自然保护区。铁路建设者根据不同情况，采用了各具特色的环保设计和建设方案，把青藏铁路建设成为我国第一条环保铁路。青藏铁路沿线共设置了33处野生动物通道，并根据不同动物的迁徙习性，将通道设计为桥梁下方、隧道上方及缓坡平交3种形式，为保障野生动物的正常生活、迁徙和繁衍，打开了安全通道。现在，可可西里草原上经常可以看到这样的景象：成群结队的藏羚羊在青藏铁路附近自由自在地觅食、追逐、嬉戏，慢悠悠地穿过动物通道，赶往它们的迁徙地。

青藏铁路是目前世界上海拔最高、线路最长的高原铁路。它突破生命禁区，穿越戈壁昆仑，飞架裂谷天堑，以流畅的线条跨越了古老而神秘的世界屋脊，创造了铁路建筑史上的奇迹。在高原各族人民心中，青藏铁路是不折不扣的致富路、团结路和幸福路。正如一首歌中所唱到的：“黄昏我站在高高的山冈，盼望铁路修到我家乡，一条条巨龙翻山越岭，为雪域高原送来安康。”

3. 中国梦·飞天梦

“人类第一位向往飞向月球的人是谁？是中国古代一位美丽的姑娘。人类第一个登上月球的人是谁？是一位美国人。那个美丽的中国姑娘是嫦娥，那个美国人就是我。”这是美国宇航员阿姆斯特朗 1988 年访华时所做演

人物故事

阿姆斯特朗　阿姆斯特朗 14 岁即开始接受飞行训练，16 岁获得飞行员证书，1949 年成为美国海军中最年轻的飞行员。1962 年 9 月，经过严格挑选，阿姆斯特朗成为首批从文职飞行员中征选的两名宇航员之一，从此与航天事业结下不解之缘。1969 年 7 月 21 日，他成为第一个登上月球并在月球上行走的人，并说下了“这是我个人迈出的一小步，但却是人类迈出的一大步”的经典语句。

讲的开场白。虽然阿姆斯特朗讲的是事实，但在中国航天人心里却别有一番滋味。在向太空进军的路上，世界先进国家比我们走得更早、更快、更远，而中国绝不能只拥有飞天的梦想和传说。

对中国航天人来说，1992 年是值得永远铭记的一年。这年 1 月，中共中央做出了发展中国载人航天工程的战略决策。经过航天人的不懈努力，短短 10 余年间，我国的载人航天工程取得了突破性进展，飞船有效载荷应用中心、现代化的航天发射场、航天测控网、飞船着陆场等相继建成。此后，科研人员又相继攻克了环境控制、生命保障等一系列尖端核心技术。

2003 年 10 月 15 日 9 时，在酒泉卫星发射中心，“神舟五号”宇宙飞船将我国首位航天员杨利伟顺利送上了太空。飞船在太空绕地球飞行了 14 圈，历时 21 小时 23 分钟，行程约 60 万千米，中国首次载人航天飞行取得圆满成功。后来，杨利伟回忆说：“中华民族千年飞天梦想在这一天得以实现，我有幸成为中国首位‘太空使

杨利伟在“神五”返回舱舱口向人们挥手致意

者’，圆满完成了自己的神圣使命。”

2005年10月12日，我国第二艘载人飞船“神舟六号”成功发射，航天员费俊龙、聂海胜被顺利送上太空，并于17日凌晨在内蒙古自治区安全着陆，这标志着我国在发展载人航天技术方面取得了又一个具有里程碑意义的重大胜利。2008年9月25日，我国第三艘载人飞船“神舟七号”成功发射，3名航天员翟志刚、刘伯明、景海鹏顺利升空。27日，翟志刚身着我国研制的“飞天”舱外航天服，进行了19分35秒的出舱活动。中国由此成为世界上第三个掌握空间出舱活动技术的国家。

继掌握天地往返、出舱活动技术之后，随着“神舟八号”飞船和“天宫一号”目标飞行器完成首次“太空相拥”，中国航天人突破了载人航天三大基础性技术的最后一项——空间交会对接技术。从顺利发射、精准对接到准确回收，中国航天人用完美的表现向世界证明——中国，已成为第三个完整独立掌握空间交会对接技术的国家，成功叩开了空间站时代的大门。

在实现载人航天飞行的同时，我国在空间探测方面的

航天员杨利伟在太空展示的中国国旗和联合国国旗展板

技术也达到了更高的水平。2007年10月24日18时05分，搭载着我国首颗探月卫星“嫦娥一号”的长征三号甲运载火箭在西昌卫星发射中心三号塔架点火成功发射，“嫦娥一号”带着国人的祝福，成功地进行了中国首次“探月”。

2012年12月2日1时30分，“嫦娥三号”月球探测器携带“玉兔号”月球车开始了奔向38万千米之外的月球之旅。中国因此成为继美俄之后人类第三个在月球实施探测器成功软着陆的国家，这标志着中国的自动化机器人技术、远程遥感通信控制技术进入了世界先进行列。

“嫦娥”寂静无声，梦想已越千年，当我们抬头仰望璀璨星空的时候，自豪感油然而生。从载人航天，到建立空间站，再到登上月球，中华民族迈向太空的脚步一刻没有停止，它向世界表明：我们的飞天梦想未有穷期，浩瀚深邃的宇宙空间必将留下我们中华民族更多辉煌足迹。

4. 同一个世界，同一个梦想

奥林匹克运动会是人类文明的重要产物，也是当今世界最具影响力的文化现象之一。举办奥运会是中华民族的百年梦想。中国与奥林匹克运动历经了从疏离、隔绝到慢慢靠近直至热情拥抱的百转千回，既令人感慨，又教人振奋。中国百年奥运圆梦之路，一定程度上正是中华民族自强不息之路的缩写。

曾几何时，中国人被西方人称作“东亚病夫”。确实，当时的中国不仅政治、经济病入膏肓，民族心理、国民体魄也都存在问题。救亡图存、民族复兴遂成为有识之士的共同目标。“中国何时能派代表参加奥运会？”“中国何时能在奥运会上夺得奖牌？”“中国何时才能举办奥运会？”这是1908年中国某报刊在一篇题为《竞技运动》的文章中，向所有中国人提出的三个尖锐而痛苦的问题。这就是中国体育史上著名的“奥运三问”。

真正让中国人扬眉吐气的时刻是改革开放之后的1984年，重回奥运大家庭的中国奥运代表团昂首走进洛杉矶奥运会开幕式会场时，世界开始为中国而瞩目。在那届奥运会上，中国运动员一举夺得了15块金牌。许海锋为中国获得了第一块奥运金牌，实现了中国奥运金牌“零的突破”。

举办奥运会，需要的是国力，需要的是责任。尽管中国曾以一票之差与举办2000年奥运会擦肩而过，但中国人以不屈不挠的精神和意志，终于在2001年7月13日举行的国际奥委会第112次全会上，获得了2008年第29届夏季奥运会的主办权。从1908年到2008年，中国一步一步地向奥运走来，从一个人，到一队人，再到主办一届奥运会，中国人的奥运梦想一天一天地走向现实。

2008年8月8日晚上8时，北京国家体育场，80多个国家的国家元首或政府首脑，204个奥运大家庭成员，16 000名运动员和教练员，10万名现场观众，数十亿电

2008 年 8 月 8 日晚，第 29 届北京奥运会开幕式在国家体育场隆重举行

视观众，东方和西方，中国和世界，我们、你们和他们，一起凝视着，一起见证着奥林匹克和北京当晚的相逢。

中国政府坚持贯彻绿色奥运、科技奥运、人文奥运理念，发挥举国体制作用，依靠广大人民群众，坚持开展国际合作交流，为第29届夏季奥运会的成功举办提供了坚强保障。北京奥运会的巨大成功，广泛弘扬了奥林匹克精神，大力促进了世界各国人民的相互了解

历史掌故

“东亚病夫”源起

“东亚病夫”一词，最早出自上海《字林西报》（英国人主办的英文报纸）于1896年10月17日登载的一篇文章，作者为英国人。1936年柏林奥运会上，中国申报了近30个参赛项目，派出了69人的代表团。但在所有的参赛项目中，除撑杆跳高选手进入复赛外，其他中国运动员都在初赛中即遭淘汰，并最终全军覆没。当中国代表团回国途经新加坡时，当地的报刊上发表了一幅外国人的讽刺漫画：在奥运五环旗下，一群头蓄长辫、身着长袍马褂、形体容貌枯瘦的中国人，用担架扛着一个大鸭蛋，题为“东亚病夫”。从那时起，“东亚病夫”就成了外国人对中华民族的蔑称。

和友谊，让“同一个世界、同一个梦想”的口号响彻寰球。

北京奥运会在当时是历史上参赛国家和地区最多的体育盛会，奖牌分布也更加广泛。会上，共有55个国家和地区获得金牌，87个国家和地区获得奖牌。世界各地最优秀的体坛健儿刷新了38项世界纪录和85项奥运会纪录。中国体育健儿取得了51枚金牌、21枚银牌、28枚铜牌的优异成绩，位居金牌榜第一位，创造了中国体育代表团参加奥运会以来的最好成绩。

“这是一届真正的不同凡响的奥运会，”国际奥委会主席罗格评价说，“奥运会的体育和社会遗产让奥林匹克运动最终得益于北京2008：奥运会越来越具广泛性，在促进不同文化和信仰的人们相互理解方面取得了显著的进步……促进了奥林匹克运动的普及和不同文化的融合。这是一个伟大的遗产。因为世界体育的重心和中心开始向东方移动！”这是国际奥委会给予2008年北京奥运会最终的高度评价。

北京奥运会圆了中华民族的百年梦想。中国人民以坚忍不拔的执着和努力，实现了中华民族的百年期盼，完成了海内外中华儿女的共同心愿，履行了对国际社会的郑重承诺，赢得了国际社会高度评价，在现代奥林匹克运动史册上深深铃上了彤红的中国印。